Genesis Talavera
Cristel Maradiaga
Carlos Mendoza Jacomino

A vigilância e o panopticon na era digital

Genesis Talavera
Cristel Maradiaga
Carlos Mendoza Jacomino

A vigilância e o panopticon na era digital

De uma conceção física a uma prática omnipresente no ambiente digital

ScienciaScripts

Imprint

Cover image: www.ingimage.com

This book is a translation from the original published under ISBN 978-620-2-16084-1.

Publisher:
Sciencia Scripts
is a trademark of
Dodo Books Indian Ocean Ltd. and OmniScriptum S.R.L publishing group

120 High Road, East Finchley, London, N2 9ED, United Kingdom
Str. Armeneasca 28/1, office 1, Chisinau MD-2012, Republic of Moldova, Europe
Managing Directors: Ieva Konstantinova, Victoria Ursu
info@omniscriptum.com

Printed at: see last page
ISBN: 978-620-8-63264-9

O conhecimento é o único espaço para a liberdade de ser".

-Michel Foucault.

Agradecimentos

Gostaríamos de expressar os nossos sinceros agradecimentos a todas as pessoas que tornaram este livro possível. Em primeiro lugar, agradecemos às nossas famílias pelo seu apoio incondicional e por acreditarem em nós durante todo este processo. A sua paciência, amor e motivação fizeram-nos continuar, mesmo nos momentos mais difíceis. Um agradecimento especial aos nossos animais de estimação, Pololo e Blue, por terem estado presentes na criação deste livro... Às nossas mães Wendy e Marjorie, que sempre estiveram ao nosso lado, mostrando-nos o seu apoio e amor incondicionais. Aos nossos amigos, que têm sido uma fonte constante de inspiração, feedback e apoio. Obrigado por partilharem os vossos pensamentos e nos apoiarem em cada passo da criação deste livro. Cada palavra vossa foi importante para nos dar força para avançar com este projeto e pôr em prática a Lei de Parkinson de uma forma académica. Os vossos comentários e críticas construtivas enriqueceram o nosso trabalho e ajudaram-nos a crescer.

Para além disso, agradecemos ao nosso professor Carlos Mendoza Jacomino, que nos ensinou a apreciar a escrita, a desenvolver as nossas vozes e a expandir os nossos conhecimentos sem hesitação. A sua sabedoria e orientação deixaram uma marca duradoura no nosso percurso como futuros profissionais.

Por último, mas não menos importante, agradecemos desde já aos nossos leitores. Esperamos que o que partilhamos neste livro seja do vosso agrado e vos inspire a aprender e a investigar tanto quanto nos inspirou a nós.

Com gratidão,

Génesis Talavera e Cristel Maradiaga.

Índice

Prefácio

Na era digital, a noção de vigilância assumiu novas dimensões, tornando-se um fenómeno generalizado que permeia todos os aspectos da vida quotidiana. Desde o surgimento das redes sociais até à proliferação de dispositivos conectados, a capacidade de observar e analisar o comportamento humano evoluiu para além das fronteiras tradicionais. O conceito de panopticon, formulado por Jeremy Bentham e aperfeiçoado por Michael Foucault, oferece um quadro teórico valioso para a compreensão da realidade contemporânea. À primeira vista, o panopticon representa uma estrutura de controlo em que os indivíduos são constantemente observados, o que afecta o seu comportamento e, em última análise, a sua identidade.

Neste contexto, a vigilância digital manifesta-se não só através da recolha de dados, mas também através da autovigilância induzida pela interação com as plataformas digitais. Os utilizadores, conscientes de estarem a ser observados, ajustam o seu comportamento para se alinharem com as expectativas sociais, gerando um ciclo de controlo que perpetua a normatividade. Com o avanço da tecnologia, a linha entre vigilância e participação torna-se ténue, levantando questões cruciais sobre privacidade, autonomia e construção de identidade num mundo cada vez mais interligado.

Este livro procura explorar a forma como o conceito de panopticon é aplicado na vigilância digital atual, considerando as suas implicações éticas e sociais, bem como o seu impacto na forma como os indivíduos se percepcionam a si próprios e aos outros. Através desta reflexão, pretende-se oferecer uma compreensão aprofundada da forma como a vigilância digital não só afecta o comportamento individual, mas também reconfigura as dinâmicas de poder na sociedade moderna.

Capítulo 1: Origens do Panopticon: de Bentham a Foucault

De acordo com Gutiérrez Zurdo (2019), o panótico nasceu de um desejo de reformar a arquitetura prisional, antes de Bentham. Os precursores desta nova conceção arquitetónica foram arquitectos com a ideia de referenciar a mesma arquitetura circular onde os sujeitos estão individualmente isolados em plena luz.

A ideia de panopticon de Bentham nasceu de uma visita do seu irmão, Samuel Bentham, que posteriormente formulou e construiu o modelo aplicado à arquitetura prisional a que se refere como "ovo de Colombo", e baptizou de "panopticon": do prefixo grego Pan- (παν) que significa "totalidade" e da palavra grega optic (οπτrκος) que significa "o olho que tudo vê".

A ideia principal do panopticon era encontrar uma forma de resolver os problemas de vigilância através da abordagem de que um único indivíduo poderia vigiar toda a gente; o olho que tudo vê, como refere Gutiérrez Zurdo (2019). Assim, o poder de sinalização é exercido através deste novo tipo de olhar: um olhar omnisciente, centralizado, dominador e vigilante que garante transparência e visibilidade.

Segundo Foucault (1980), Bentham coloca o problema da visibilidade ao pensar numa visibilidade totalmente organizada dentro de um mesmo olhar dominador e vigilante. É por isso que se diz que a ideia de Bentham para a construção de um sistema prisional era resolver o problema da vigilância. Ou seja, que um único homem tivesse um único poder de vigilância que superasse as forças reunidas em grande número.

Seguindo a ideia de Gutiérrez Zurdo (2019), o panótico de Bentham pode ser definido, grosso modo, como um local onde uma forma de vigilância completa é implementada numa arquitetura prisional e para uso penitenciário.

1.1 A conceção arquitetónica do panopticon de Jeremy Bentham

O modelo do panopticon é descrito da seguinte forma: Tem uma disposição circular sobre um eixo central que localiza uma torre na qual se encontra o guarda que tem a capacidade de vigiar e supervisionar visualmente todas as celas, escondendo-se atrás de cortinas. Na realidade, esta estrutura permite ao guarda perseguir e vigiar todo o espaço com a vantagem de os reclusos não se aperceberem que estão a ser vigiados, criando um estado consciente de visibilidade absoluta, e de poderem ver sem serem vistos. Desta forma, estabelece-se uma situação de poder em que o observado é quem detém esse poder.

À volta da torre encontram-se as celas individuais dos prisioneiros, separadas umas das outras e totalmente iluminadas, sem qualquer ponto de sombra, uma vez que têm duas janelas: uma aberta para o interior (da torre) e outra para o exterior, para que a luz possa entrar na cela. O objetivo é garantir o bom comportamento dos reclusos e aumentar a segurança com o menor custo possível, uma vez que seria necessário menos pessoal para vigiar os reclusos.

Figura 1

Imagem do projeto arquitetónico do panopticon.

Fonte: Pinterest.

O panopticon baseia-se no controlo através da observação. Os indivíduos dentro do panopticon estão completamente expostos ao olhar do vigilante. A torre de vigia é concebida de forma a que o observador possa observar tudo sem ser visto. Assim, o panopticon actua como uma máquina que separa as experiências de ver e ser visto; fora da torre, é-se totalmente visível sem se poder ver; na torre central, tem-se uma visão completa sem se ser visto.

O principal impacto deste modelo disciplinar consiste em induzir o recluso num estado de visibilidade constante, que assegura o funcionamento automático do poder. Mesmo que o guarda não esteja presente ou esteja a observar outro recluso, o recluso não o pode saber, o que significa que não sabe quando está a ser observado e não tem forma de o saber. Esta assimetria de informação na relação entre o vigilante e o prisioneiro é conhecida como dissociação do olhar, que Foucault (1980) apresenta em "O olho do poder". O objetivo do panopticon é que o prisioneiro seja forçado a comportar-se bem porque corre o risco de ser punido por um mau comportamento, pelo que tenderá a manter uma atitude correta e a obedecer às regras impostas. Portanto, a sua eficácia não se baseia no isolamento ou no castigo, mas na geração de um estado de visibilidade consciente e permanente que leva o sujeito a submeter-se à coerção do poder por sua livre vontade.

Como já foi referido, Foucault (1980) introduz três componentes fundamentais no funcionamento do panótico: a consciência da vigilância, a dissociação do olhar e o isolamento.

A primeira componente, a consciência de vigilância, refere-se a um indivíduo que sente que está constantemente a ser observado por um poder não verificável. Isto leva-o a comportar-se de forma correta sob a influência de um olhar autoritário. Esta forma de dominação reflecte uma clara superioridade que se manifesta tanto na perceção dos sujeitos como nas suas acções.

A dissociação do olhar, tal como descrita anteriormente, estabelece duas zonas claramente diferenciadas: a torre, de onde se observa sem ser visto, e as celas, de onde o indivíduo é constantemente observado sem poder saber se está a ser observado. Por fim, o isolamento a que os sujeitos são submetidos deve-se à redução de contactos desnecessários. Por outras palavras, o indivíduo é separado e classificado individualmente para que o poder do olhar possa exercer a sua influência de forma eficaz, uma vez que não pode ser aplicado da mesma forma a um indivíduo isolado como a um grupo.

1.2 A reinterpretação do panopticon por Michel Foucault: vigilância e disciplina.

Foucault toma a ideia do panopticon como um dispositivo de vigilância implementado em todo o tipo de instituições (escolas, fábricas, hospitais) com o objetivo de estabelecer sistemas disciplinares. No seu livro Vigilância e Punição, Foucault (2002) refere que o panótico funciona como um modelo generalizável que define as relações de poder na vida quotidiana do homem. Desta forma, as escolas, os hospitais, as prisões e a sociedade governam e moldam o pensamento, construindo-o sob normas subjectivas implantadas através da criação de cidadãos que podem ser observados, dando forma às sociedades disciplinares.

Diz-se que o esquema panótico é ideal para impor comportamentos a uma sociedade, uma forma de fazer funcionar as relações de poder. O poder omnisciente e a vigilância criam no indivíduo um autocontrolo na forma como se comporta; a sua eficácia solidifica-se na ação de ver sem ser visto. Para Foucault, o poder do panopticon cria sujeitos automatizados e individualizados, que são vigiados. Porém, sem conhecer o observador. O dispositivo apaga as singularidades e impõe a homogeneização; tem a possibilidade de organizar, classificar, utilizar e reconhecer os seus observadores para garantir o controlo.

O panopticon é uma máquina que cria e sustenta uma relação de poder sem relevância para o sujeito que o exerce. Para Foucault (2002) o panopticon pode ser utilizado como uma máquina para criar experiências e modificar o comportamento dos indivíduos, fazer experiências com eles, analisar transformações e obter informações.

O fim do panopticismo são as relações disciplinares e é o princípio geral da nova anatomia política. Foucault situa as disciplinas a partir de duas imagens extremas; por um lado, há a disciplina-bloqueio, que remete para instituições fechadas, com funções negativas como travar o mal ou quebrar as comunicações, como a quarentena. Por outro lado, há o panoptismo, a disciplina-mecanismo, um dispositivo que melhora o funcionamento do poder, tornando-o mais rápido, mais ágil, exercendo coerção de forma subtil sobre a sociedade. Assim, a formação de uma sociedade disciplinada está a conduzir à alta produtividade, à centralização, à aceitação das regras e pensamentos impostos pelos detentores do poder.

O dispositivo de vigilância é assim a relação entre poder e discurso para produzir subjectividades, verdades, discursos, etc., para produzir identidades. Pode dizer-se que o dispositivo é a combinação que constitui os elementos e as relações que fazem funcionar o controlo, em suma, é a rede. A produção de subjectividades vai de acordo com a conveniência de quem detém esse poder.

Na era digital, o panótico não se limita a uma estrutura física de controlo, mas manifesta-se através de plataformas como o Facebook, o Instagram e o X (Twitter), onde os utilizadores participam ativamente num sistema de vigilância mútua. Estas redes sociais funcionam como micro-panópticos, onde cada indivíduo não só é observado, como também se torna observador, contribuindo assim para um ciclo de controlo social que se auto-reforça.

1.3 Evolução das tecnologias de controlo desde a modernidade.

A transição do panótico físico para um sistema digital começou com a ascensão das tecnologias da informação durante o século XX. Instrumentos como as câmaras de vigilância, as bases de dados centralizadas e as primeiras redes informáticas tornaram-se os pilares de uma nova arquitetura de controlo; em vez da vigilância direta em espaços fechados, estas tecnologias introduziram uma vigilância distribuída, eficaz e global.

Desde o final do século XX, a monitorização eletrónica do desempenho (EPM) tem sido amplamente adoptada no local de trabalho para monitorizar o desempenho dos trabalhadores. Estas tecnologias permitem uma monitorização sistemática e contínua, facilitando a identificação das necessidades de formação e melhorando a produtividade. A OSHA (2022) afirma que os trabalhadores têm muitos benefícios registados da EPM, tais como ajudar a identificar necessidades de formação, facilitar a definição de objectivos, traduzir melhorias de produtividade, facilitar o teletrabalho e o horário flexível, contribuir para o planeamento de recursos, entre outros.

Embora estas tecnologias monitorizem o desempenho dos trabalhadores, não se preocupam verdadeiramente com o bem-estar ou a privacidade dos trabalhadores; a OSHA (2022) afirma que lhes têm sido associadas várias desvantagens, tais como: violação da privacidade; aumento dos níveis de stress e possibilidade de agravamento do estado de saúde a longo prazo; redução dos níveis de satisfação e moral; redução do contacto entre trabalhadores e supervisores, bem como do contacto entre colegas de trabalho; etc.

Fleischer, em Altium (2024), afirma que os Sistemas de Controlo Industrial (SCI) são a espinha dorsal da indústria moderna, desempenhando um papel crucial na operação e gestão de muitos processos. Através de uma combinação de software e hardware, estes sistemas monitorizam e regulam máquinas, linhas de produção e outras actividades. Refere ainda que, no atual panorama tecnológico em rápida evolução, tanto a natureza dos sistemas de controlo industrial como os seus componentes integrais estão em constante evolução e salienta a importância de os engenheiros electrónicos se manterem informados sobre as últimas tendências, tecnologias e inovações de componentes.

Os sistemas de controlo de supervisão e de aquisição de dados (SCADA) evoluíram para gerir processos industriais complexos. Estes sistemas permitem a monitorização e o controlo remotos de infra-estruturas críticas, como redes eléctricas e estações de tratamento de água, integrando tecnologias avançadas para uma gestão eficiente. Existe uma variedade de formatos especializados para satisfazer necessidades específicas na vasta extensão das operações industriais. De acordo com Altium (2024), um dos pilares deste domínio é o Controlador Lógico Programável (PLC). Os PLC são computadores robustos concebidos explicitamente para ambientes industriais, desempenhando um papel fundamental no controlo de uma miríade de processos de fabrico.

Do mesmo modo, Altium (2024) refere que outro tipo de sistema crítico no panorama do controlo industrial é o Sistema de Controlo Distribuído (DCS). Concebido para servir processos em áreas ou instalações distintas. A capacidade dos DCSs é alimentada por processadores de alta velocidade, módulos de comunicação redundantes e a integração de chips de IA, que permitem a realização de tarefas analíticas sofisticadas. Posto isto, pode dizer-se que há tendências influentes que moldam o controlo industrial atual e que existem há mais de um século.

A incorporação da Internet das Coisas (IoT) revolucionou o panorama do controlo industrial ao permitir que os dispositivos ligados recolham e partilhem dados em tempo real. Isto melhora a eficiência operacional e permite uma monitorização mais detalhada e personalizada, reflectindo uma evolução para sistemas mais inteligentes e mais adaptáveis. Também permite que os engenheiros electrónicos implementem sistemas inteligentes e ligados para recolher dados em tempo real e obter capacidades de monitorização e controlo.

O controlo de acesso moderno também evoluiu das fechaduras mecânicas para soluções digitais avançadas, incluindo a autenticação biométrica e as plataformas baseadas na nuvem.

A evolução tecnológica do controlo teve um impacto profundo na identidade social e pessoal. A vigilância constante pode levar a uma interiorização das normas sociais, em que os indivíduos ajustam o seu comportamento de acordo com o que acreditam ser observado. Isto gera uma dinâmica em que a identidade é influenciada pelo desejo de conformidade com as expectativas sociais impostas por estas tecnologias.

Além disso, a utilização crescente de tecnologias que monitorizam aspectos pessoais levanta questões sobre a privacidade. Os dispositivos vestíveis que monitorizam a saúde e o bem-estar são exemplos claros do potencial para monitorizar não só os comportamentos no trabalho, mas também os estilos de vida individuais.

A evolução das tecnologias de controlo desde a modernidade reflecte uma mudança significativa na forma como as sociedades gerem os indivíduos e os sistemas organizacionais. Desde os modelos panópticos tradicionais até às inovações actuais impulsionadas pela IA e pela loT, estas tecnologias continuam a moldar as nossas experiências e identidades quotidianas num mundo cada vez mais interligado e orientado para a vigilância.

Por seu lado, as redes sociais representam um salto qualitativo na evolução do panótico. Em vez de serem monitorizados exclusivamente por instituições externas, os utilizadores tornam-se participantes activos na sua própria vigilância. Ao partilharem dados, localizações, interesses e relações, as plataformas criam um "panótico invertido" em que as pessoas contribuem voluntariamente para a sua vigilância.

Capítulo 2: O panopticon digital

O panótico digital é um termo ligado ao nascimento da sociedade da informação, ou seja, às reflexões sobre a forma como as novas tecnologias possibilitam e facilitam a captura de dados dos utilizadores. Em termos das suas principais caraterísticas, devemos salientar que já não existe o poder do olhar do observador a partir de uma perspetiva central e sem ser visto, mas o panótico digital tem uma maior profundidade e capacidade de captar informação que se reflecte num trabalho multi-perspetivo. Todos os sujeitos assumem o papel de observadores e, ao mesmo tempo, são observados; a observação ocorre agora de todos os ângulos, dando origem a uma vigilância cruzada ilimitada. A iluminação vinda de todos os ângulos permite eliminar os ângulos mortos: já nada passa despercebido, porque se trata de um sistema transparente.

2.1 Definição do panopticon digital

G arcía y García (2019) cita Byung-Chul Han, em The Swarm (2016), que fala do panopticon, mas agora num sentido digital. Neste sentido, transcende a sociedade disciplinar de Foucault. Sobre esta nova manifestação do panótico, refere que "a sociedade de vigilância digital apresenta uma estrutura panóptica especial. O panopticon de Bentham consiste em células isoladas umas das outras. Os residentes não podem comunicar uns com os outros. As paredes impossibilitam os residentes de se verem uns aos outros. Para se aperfeiçoarem, expõem-se à solidão. Em contrapartida, os habitantes do panopticon digital criam uma rede e comunicam intensamente entre si. O que torna possível o controlo total não é o isolamento espacial e comunicativo, mas a ligação em rede e a hipercomunicação".

2.2 1984

Gutiérrez Zurdo (2019) faz um breve resumo do romance 1984 de George Orwell, mencionando que a história de Orwell se passa na Oceânia, uma das três superpotências mundiais onde os cidadãos seguem uma estrutura piramidal hierárquica: no topo desta está o Grande Irmão, encarregado de vigiar sem cessar através de dispositivos tecnológicos chamados tele-ecrãs ou dos múltiplos olhos de cartazes com este rosto observando e ouvindo todos os espaços da vida quotidiana de cada sujeito (ruas, locais de trabalho, casas, etc.).). Ao mesmo tempo, a figura do Big Brother nunca é representada em pessoa, mas é antes a ideia de um olhar; um olhar abrangente e, portanto, um olhar que impede qualquer intimidade.

Gutiérrez Zurdo (2019) afirma que o enredo principal do livro gira em torno da vida de Winston Smith e suas tentativas de se rebelar contra o sistema. Ele é um trabalhador do Ministério da Verdade, cuja função se baseia em reescrever ou manipular a história, a fim de a transformar de acordo com os interesses do Estado. Da mesma forma, existem três outros ministérios que se ocupam deste grande poder: o Ministério do Amor (encarregado de administrar castigos e martírios), o Ministério da Paz (encarregado de levar a cabo assuntos relacionados com a guerra, com ênfase no ódio e no medo do mundo exterior) e o Ministério da Abundância (encarregado das tarefas económicas e do racionamento).

A história sofre uma reviravolta quando *Winston* conhece *Júlia* e se envolvem romanticamente e, mais tarde, juntos, tornam-se um símbolo da anti-rebelião, tentando lutar contra o Big Brother. Pessoas como eles, com instintos rebeldes, agrupam-se secretamente para formar uma sociedade e idolatram Goldstein, o principal inimigo do Partido. Os protagonistas, quando descobertos, são presos pela Polícia do Pensamento e submetidos a inúmeras torturas no Ministério do Amor, onde acabam por aceitar que a verdade é o que o Partido diz e não o que eles pensam ou o que eles querem. Depois de saírem dos seus estados de confinamento, o casal reencontra-se, mas não tem qualquer sentimento de afeto ou amor um pelo outro. Foram derrotados; o Partido conseguiu vencer essa batalha, substituindo esse amor pelo amor ao Grande Irmão.

O livro retoma o conceito de panopticon, pois reitera a abordagem de um olhar como poder absoluto, tal como o Big Brother, que é omnipresente e cujo controlo é exercido através de telecrãs e cartazes, pois desta forma observa tudo sem ser visto e exerce a repressão. Como não é representado como uma figura concreta, pode deduzir-se que é uma invenção ou uma abstração utilizada para dominar; semelhante ao vigia da torre da prisão, uma vez que os prisioneiros não sabiam se estava lá alguém ou não.

No entanto, em ambos os cenários, a noção de poder expande-se de um sujeito para outro, estabelecendo-se profundamente em cada um deles como uma submissão fiel, quase inabalável, geralmente motivada pelo medo de ser descoberto pelo Big Brother que o vigia para gerar maior volume de massas. Além disso, a eficácia do poder baseia-se na visibilidade, pois o sujeito tende a auto-submeter-se, sem saber se está a ser vigiado nesse momento, o que aumenta a produtividade e favorece uma sociedade disciplinar que procura corrigir os indivíduos.

A sociedade atual assemelha-se a um big brother silencioso, encarregado de vigiar constantemente, através de dispositivos tecnológicos, observando e escutando os espaços da vida quotidiana de cada sujeito (ruas, locais de trabalho, casas, etc.), que serve de espaço para a acumulação de um número infinito de aspectos em que se regista absolutamente tudo; desde a idade, sexo, residência, profissão, perfis de utilizador, localização em tempo real, lazer, interesses, compras, até aos gostos mais pessoais de cada indivíduo. Esta informação corresponde ao que milhões de pessoas de todo o mundo têm vindo a depositar, pelo que estamos a falar de um volume de dados extremamente elevado. Por isso, como refere Fernández (2017), as principais caraterísticas deste método de recolha de dados podem ser resumidas em: volume, variedade, veracidade e rapidez.

2.3 Comparação entre o panopticon clássico e o panopticon digital

Uma comparação entre o panopticon clássico de Bentham e o panopticon digital contemporâneo revela diferenças significativas na natureza da vigilância e do controlo social. No modelo original do panopticon, os prisioneiros sabiam que podiam ser vigiados a todo o momento. Esta vigilância constante fomentava a disciplina interna, uma vez que os reclusos ajustavam o seu comportamento sabendo que estavam sob o olhar atento de um guardião invisível. A estrutura do panopticon criava um ambiente de controlo direto, em que a perceção de ser visto funcionava como um mecanismo de autoridade.

Em contrapartida, o panótico digital funciona num contexto em que as pessoas se sentem livres para partilhar ativamente aspectos da sua vida pessoal nas plataformas das redes sociais. Este fenómeno de exibicionismo digital manifesta-se na procura de atenção e validação social, em que a exposição pessoal se torna um meio de obter reconhecimento. No entanto, esta aparente liberdade é enganadora. Ao contrário do panótico clássico, onde a vigilância era explícita, no ambiente digital, o controlo é subtil e omnipresente, uma vez que os utilizadores participam voluntariamente na sua própria vigilância, partilhando informações pessoais sem a devida reflexão.

A interação com as plataformas digitais promove um processo de autovigilância, em que os indivíduos ajustam o seu comportamento e a sua auto-representação com base nas normas e expectativas sociais percebidas. Como salienta Ramonet (2016), embora o acesso à Internet possa expandir as liberdades individuais, também fornece aos governos e às empresas ferramentas para realizar uma vigilância em massa, interceptando comunicações e rastreando actividades em linha. Esta dualidade evidencia o modo como o poder é exercido de forma camuflada, em que a privacidade se torna um luxo cada vez mais escasso.

A recolha maciça de dados e a análise algorítmica, caraterísticas do panótico digital, permitem que as plataformas manipulem percepções e comportamentos de formas que os utilizadores nem sempre compreendem totalmente. É criado um fenómeno de vigilância colaborativa em que cada indivíduo, ao partilhar dados, contribui para o sistema que o controla. Isto levanta sérias questões éticas sobre a autonomia e a identidade na era digital, uma vez que a capacidade dos utilizadores de agirem livremente é comprometida por um ambiente que os observa e avalia constantemente. A vigilância digital, portanto, não só reflecte uma mudança nos métodos de controlo, como também transforma a relação entre o indivíduo e o poder na sociedade contemporânea.

Capítulo 3: Vigilância digital

A vigilância digital refere-se à prática de monitorizar e recolher informações sobre as actividades dos utilizadores em ambientes digitais. Esta vigilância pode ser levada a cabo por várias entidades, incluindo governos, empresas e organizações sem fins lucrativos, utilizando tecnologias avançadas para seguir, analisar e armazenar dados. Manifesta-se frequentemente através da recolha de dados pessoais, do seguimento do comportamento em linha e da monitorização da comunicação digital.

Com o advento da era digital, a capacidade de recolher e processar grandes volumes de dados cresceu exponencialmente. Ferramentas como os cookies e os algoritmos de análise permitem às entidades observar o comportamento dos utilizadores em tempo real. De acordo com Zuboff (2020), "a vigilância tornou-se uma nova forma de controlo social que capta a experiência humana para a economia da vigilância".

Muitos governos justificam a vigilância digital em nome da segurança nacional. Do mesmo modo, as empresas utilizam a vigilância para personalizar a experiência do utilizador, melhorando assim o seu ambiente de investimento. Em The Age of Surveillance Capitalism: The Struggle for a Human Future at the New Frontier of Power, Zuboff expande esta definição para incluir a dimensão económica. Para ela, a vigilância digital opera não só na esfera do controlo estatal, mas também como uma ferramenta central no modelo económico das empresas tecnológicas. Segundo Zuboff (2020), "a vigilância digital tornou-se uma nova forma de acumulação de capital, em que cada ação digitalizável gera dados que são explorados para prever e manipular comportamentos".

Ramonet et. al (2016) argumentam que, de certa forma, a vigilância se tornou "privatizada e democratizada". Já não é exclusiva dos serviços de informações governamentais. Além disso, devido às estreitas colaborações entre os Estados e as grandes empresas que lideram os sectores das TI e das telecomunicações, a capacidade de realizar espionagem em massa aumentou significativamente.

Numa entrevista com o fundador do WikiLeaks, este afirma que empresas como a Google, a Apple, a Microsoft, a Amazon e, recentemente, o Facebook estabeleceram ligações com o aparelho de Estado em Washington, especialmente com os responsáveis pela política externa. Esta ligação continua em evidência, uma vez que partilham as mesmas ideias políticas e têm a mesma visão do mundo. Em última análise, a ligação e a visão do mundo entre a Google e a administração norte-americana servem os objectivos da política externa dos EUA.

Esta aliança sem precedentes entre o Estado, o aparelho militar de segurança e as gigantescas indústrias da Internet criou um império de vigilância, cujo objetivo é simples. Colocar a Internet sob o seu comando.

3.1 Definição de vigilância digital

Bartolomé (2021) afirma que a vigilância digital se refere à observação intencional, rotineira e sistemática de informações pessoais para fins de controlo, direito e legitimidade, gestão, influência ou proteção. Embora esta atividade esteja longe de ser nova, as suas formas e métodos adaptaram-se às novas possibilidades tecnológicas, utilizando Big Data e IA para identificar e reconhecer padrões de comportamento, automaticamente e em grande escala.

A vigilância digital envolve a deteção, análise e monitorização de informações que podem ser potencialmente prejudiciais. Isto inclui a identificação de actividades de rede suspeitas, a monitorização da reputação em linha e a proteção contra ciberataques. A vigilância digital utiliza várias ferramentas tecnológicas, como os sistemas de deteção de intrusões (IDS), a análise comportamental e a monitorização das redes sociais, para fornecer uma visão global do estado de segurança de uma organização.

A recolha maciça de dados pessoais transformou a noção de privacidade num luxo. As plataformas digitais, ao captarem informações sobre comportamentos, preferências e interações, criam perfis detalhados dos utilizadores sem o seu pleno consentimento. Esta situação não só viola o direito à privacidade, como também gera um estado de vigilância quase omnipresente, em que os indivíduos são constantemente observados e analisados. Como refere Zuboff (2020), esta falta de privacidade pode levar a uma normalização da vigilância, em que os utilizadores aceitam sem questionar o controlo exercido sobre eles.

A vigilância digital também afecta as normas sociais, estabelecendo um quadro em que certos comportamentos são normalizados e outros são penalizados. A pressão para se conformar com estas normas pode levar a uma homogeneização do pensamento e do comportamento, limitando a diversidade e a criatividade individuais. O panótico digital actua como um dispositivo que reforça as hierarquias sociais existentes e perpetua relações de poder desiguais.

Na sociedade moderna, onde as tecnologias da informação e da comunicação (TIC) são omnipresentes, a vigilância digital intensifica a perceção que os utilizadores têm de si próprios e dos outros. As redes sociais, por exemplo, criam um espaço onde os indivíduos se tornam simultaneamente observadores e observados. A necessidade de apresentar uma imagem "ideal" aos outros pode levar a uma constante comparação e avaliação pessoal, afectando a autoestima e a saúde mental.

A vigilância digital também afecta a forma como os indivíduos percepcionam os outros. A disponibilidade constante de informações pessoais e a capacidade de observar as interações dos outros criam um ambiente em que o julgamento social se torna omnipresente. Os indivíduos podem ser avaliados não só pelas suas acções, mas também pela sua presença digital, criando um espaço de competição e avaliação contínuas. Esta dinâmica dá origem a estigmas e preconceitos, uma vez que as identidades são moldadas por percepções superficiais baseadas nas interações em linha.

A vigilância digital, entendida como a capacidade de observar e analisar os comportamentos e interações em linha, tem um impacto significativo no comportamento individual. Este fenómeno não se limita apenas à recolha de dados por empresas e governos, mas inclui também a auto-vigilância que decorre da consciência de estar a ser observado.

A consciência da vigilância transforma o modo como as pessoas se comportam em linha. Sabendo que as suas acções são visíveis para os outros, os utilizadores tendem a autocensurar-se e a ajustar o seu comportamento para corresponder às expectativas sociais. Este efeito, conhecido como "comportamento de sala", refere-se à modificação das acções com base na perceção de estar a ser observado. Neste sentido, a vigilância digital funciona como um mecanismo de controlo que promove a conformidade e desencoraja a discordância.

Além disso, a recolha maciça de dados e a análise algorítmica permitem que as plataformas manipulem a experiência do utilizador, orientando o conteúdo que este vê e as interações que tem. Isto pode levar à construção de bolhas de informação, em que os indivíduos são expostos principalmente a opiniões e perspectivas que reforçam as suas crenças pré-existentes, limitando o diálogo e a diversidade de pensamento.

As plataformas tecnológicas, ao exercerem controlo sobre a informação e as interações, tornam-se agentes de poder que influenciam a opinião pública e a tomada de decisões. Este poder é exercido de forma subtil mas eficaz, uma vez que os utilizadores não estão muitas vezes plenamente conscientes do modo como os seus dados são utilizados para manipular comportamentos e percepções. A vigilância digital transformou as dinâmicas de poder de várias formas:

Descentralização do poder: Ao contrário das estruturas de poder tradicionais, em que o controlo é exercido por uma entidade específica, na era digital o poder está disperso. Cada indivíduo tem a possibilidade de ser tanto o observador como o observado, criando uma rede de controlo mais complexa e subtil.

Normalização de comportamentos: A exposição constante à vigilância digital leva os indivíduos a adotar comportamentos que são vistos como socialmente aceitáveis. Isto resulta numa normalização que perpetua certas ideologias e práticas.

Resistência e autonomia: Apesar da pressão da vigilância, alguns indivíduos encontram formas de resistir e perturbar estas dinâmicas de poder. A utilização de ferramentas de privacidade e a criação de espaços digitais alternativos são exemplos de como a resistência se pode manifestar na era da vigilância.

3.2 Instrumentos e tecnologias de vigilância

Segundo a Data 101 (n.d.), "uma das principais ferramentas utilizadas na vigilância digital é o sistema de deteção de intrusões (IDS). Estes sistemas analisam o tráfego da rede em busca de padrões e comportamentos anómalos que possam indicar tentativas de infiltração. Quando é identificada uma atividade suspeita, os IDS desencadeiam alertas para que os analistas de segurança possam investigar e tomar as medidas adequadas.

Refere ainda que "outra tecnologia fundamental na vigilância digital é a análise comportamental. Estes sistemas utilizam algoritmos e modelos avançados para identificar padrões de comportamento normal em utilizadores e sistemas. Ao detectarem desvios significativos desses padrões, como alterações nos padrões de acesso ou atividade invulgar, os sistemas de análise comportamental podem assinalar potenciais ameaças e ajudar a prevenir ataques antes que estes ocorram".

A monitorização dos meios de comunicação social também permite às organizações acompanhar as menções e gerir a sua reputação online, identificando perfis falsos ou conteúdos nocivos, bem como analisar continuamente grandes volumes de dados para identificar anomalias e padrões suspeitos. Esta abordagem proactiva ajuda a tomar decisões informadas rapidamente e a responder a potenciais ameaças antes que estas causem danos.

Os sistemas de gestão de informações e eventos de segurança (SIEM) recolhem e analisam dados de segurança de uma variedade de fontes, fornecendo uma visão abrangente do estado de segurança da organização. Estes sistemas são cruciais para detetar, responder e gerir eficazmente os incidentes de segurança.

Uma das ferramentas mais utilizadas e avançadas na vigilância digital é a Inteligência Artificial (IA) e a aprendizagem automática, que estão a revolucionar a vigilância digital ao permitir uma análise avançada dos dados. Estas tecnologias podem identificar padrões complexos e prever comportamentos anómalos, o que melhora significativamente a capacidade de antecipar ciberataques.

Com o aumento constante das ciberameaças, são essenciais soluções avançadas de cibersegurança. Isto inclui a utilização de firewalls, antivírus e scanners de vulnerabilidades, que ajudam a proteger os sistemas contra o acesso não autorizado e ataques maliciosos.

A automação e a robótica estão a começar a desempenhar um papel importante na vigilância digital, especialmente na segurança física. Os robôs equipados com sensores avançados podem patrulhar grandes áreas, enquanto os sistemas automatizados podem gerir o acesso utilizando tecnologias como o reconhecimento facial em dispositivos móveis e portáteis.

A monitorização ativa das redes sociais é vital para proteger a reputação das empresas. Estão disponíveis ferramentas especializadas para identificar perfis falsos, imitações e conteúdos nocivos que possam afetar a imagem pública de uma organização.

As ferramentas e tecnologias acima mencionadas são essenciais para estabelecer um sistema de vigilância digital robusto que proteja as organizações contra as crescentes ciberameaças. A implementação eficaz destas soluções não só aumenta a segurança, como também permite uma resposta mais rápida a incidentes, garantindo assim a integridade e a disponibilidade dos activos digitais.

3.3 Mecanismos de controlo e de autocontrolo

A era digital transformou radicalmente os mecanismos de controlo social, introduzindo novas dinâmicas que afectam tanto a governação como a vida quotidiana dos indivíduos. Com o avanço das tecnologias, foram desenvolvidas ferramentas sofisticadas que permitem uma vigilância e um controlo sem precedentes. Estes mecanismos são utilizados não só pelos governos, mas também por empresas privadas, o que levanta sérias implicações para a privacidade, a autonomia e a liberdade individual.

Um dos mecanismos de controlo mais notórios da era digital é a vigilância em massa. Esta prática intensificou-se com a utilização de tecnologias como as câmaras de segurança ligadas à Internet, os drones e o software de reconhecimento facial. Os governos e as empresas podem recolher grandes volumes de dados sobre as actividades dos cidadãos, permitindo uma monitorização constante. Este tipo de vigilância suscita preocupações quanto à invasão da privacidade e ao potencial abuso de poder.

Um exemplo disto é a República Popular da China, onde o governo implementou um sistema de controlo social que utiliza tecnologias avançadas para monitorizar os seus cidadãos, promovendo uma cultura de conformidade e obediência através do medo de repercussões sociais e legais.

A monitorização consensual é semelhante à forma como os indivíduos, muitas vezes sem se aperceberem, concordam em participar na sua própria vigilância quando utilizam plataformas digitais. Ao inscreverem-se em redes sociais ou aplicações móveis, os utilizadores fornecem dados pessoais que são utilizados para direcionar publicidade ou influenciar comportamentos. Seguindo a ideia de Rubio (2020), aplicações como o Facebook não só permitem a interação social, como também funcionam como dispositivos de controlo, recolhendo dados sobre preferências e comportamentos, utilizando esta informação para manipular o conteúdo apresentado.

As tecnologias emergentes, como a loT e a IA, aumentaram ainda mais as capacidades de controlo. Os dispositivos têm capacidades de controlo ainda mais alargadas. Os dispositivos conectados podem recolher dados sobre os hábitos quotidianos, desde o consumo de energia aos padrões de saúde, permitindo uma monitorização detalhada que pode ser utilizada tanto para fins lucrativos como para controlo social. De acordo com Carrasco Díaz-Masa (2021), a integração da IdC na vida quotidiana coloca desafios significativos à privacidade individual. A recolha constante de dados pode ser utilizada por governos ou empresas para exercer controlo sobre o comportamento e as decisões pessoais.

Face a estes desafios, é essencial estabelecer um quadro regulamentar claro que proteja os direitos individuais contra a utilização abusiva das tecnologias de controlo. A literacia digital torna-se essencial para capacitar os cidadãos a identificar a desinformação e a compreender o funcionamento das plataformas digitais.

Hoje em dia, plataformas como o Facebook, o Instagram e o X (Twitter) funcionam como micro-panópticos, onde os utilizadores não só são observados, como também se tornam observadores dos outros. Este fenómeno cria um ciclo de vigilância mútua que perpetua o controlo social. Ao partilharem informações pessoais e seguirem as interações dos outros, os utilizadores contribuem ativamente para a sua própria vigilância e a dos seus pares, o que Foucault (2002) identificou como um mecanismo de autovigilância.

A auto-monitorização refere-se à prática em que os indivíduos regulam o seu próprio comportamento de acordo com as expectativas e normas sociais que percepcionam através das suas interações em plataformas digitais. Este conceito baseia-se na ideia de que, ao estarem conscientes de que as suas acções são visíveis para os outros, os utilizadores ajustam os seus comportamentos para se alinharem com o que consideram aceitável ou desejável. Assim, a vigilância torna-se um processo interno de autorregulação e resulta numa conformidade que limita a autenticidade pessoal. Ramonet et al (2016) defendem que esta normatividade imposta pelo ambiente digital gera uma pressão para se apresentar de forma a obter validação social, o que pode levar a uma fragmentação da identidade.

Da mesma forma, Ramonet et al. (2016) referem que este fenómeno é particularmente prevalente nas redes sociais, onde a procura de validação através de "gostos", comentários e partilhas gera uma pressão constante para se apresentar de forma atraente e de acordo com as expectativas do meio. A necessidade de aceitação social pode levar os indivíduos a modificar a sua linguagem, as suas opiniões e até a sua aparência física, criando uma versão idealizada de si próprios que pode não refletir a sua verdadeira identidade. Este processo de curadoria pessoal, embora possa parecer inofensivo, induz uma fragmentação da identidade, em que a autenticidade é sacrificada a favor da conformidade.

No contexto do autopoliciamento, a normatividade refere-se ao modo como as plataformas digitais estabelecem e reforçam as normas sobre o modo como os utilizadores se devem comportar. Estas normas, muitas vezes invisíveis, são moldadas pelo conteúdo que é promovido, pelas interações que são celebradas e pelas que são sancionadas. As plataformas utilizam algoritmos que não só determinam quais os conteúdos invisíveis, como também criam um ambiente em que certos comportamentos são normalizados e outros são desencorajados.

Por exemplo, no Instagram, a cultura da imagem e a necessidade de "gostos" fomentam uma normatividade que dá prioridade à aparência em detrimento da autenticidade. De acordo com Zuboff (2020), isto traduz-se num ciclo em que os utilizadores se sentem pressionados a seguir tendências, a utilizar filtros e a apresentar uma vida idealizada para serem aceites. Como resultado, a auto-vigilância e a normatividade entrelaçam-se, criando um ambiente em que a conformidade é recompensada e o desvio é penalizado, embora esta penalização nem sempre seja explicitamente declarada.

As implicações desta auto-vigilância são profundas. A pressão constante para corresponder às expectativas sociais pode levar à ansiedade, à depressão e à baixa autoestima, especialmente entre os jovens que estão em processo de formação da identidade. A comparação constante com os outros pode levar a uma perceção distorcida da realidade, em que as experiências partilhadas em linha parecem mais valiosas do que as experiências pessoais.

Além disso, a normatividade imposta pelas plataformas digitais contribui para a homogeneização do pensamento e dos comportamentos. Ao encorajar certos estilos de vida e valores, limita a diversidade de expressões e identidades no espaço digital. Isto pode resultar na criação de um ambiente em que a originalidade é desencorajada e as vozes discordantes são silenciadas.

O auto-policiamento e a normatividade são duas faces da mesma moeda na era digital. Embora o auto-policiamento permita aos utilizadores controlar o seu comportamento, também pode levar à conformidade e à perda de autenticidade. Por outro lado, a normatividade imposta pelas plataformas digitais cria um quadro que define o que é aceitável e o que não é, contribuindo para a homogeneização cultural. Em conjunto, estas dinâmicas moldam a identidade individual e colectiva, sublinhando a necessidade de uma reflexão crítica sobre a utilização das tecnologias digitais e os seus efeitos na sociedade.

3.4 Os algoritmos de recomendação e o seu impacto na autonomia do indivíduo.

Os algoritmos de recomendação são ferramentas fundamentais na era digital que permitem a personalização da experiência do utilizador, oferecendo sugestões de conteúdos, produtos ou serviços com base nas preferências e no comportamento anterior do utilizador. Estes algoritmos são utilizados por plataformas como a Netflix, a Amazon, o Spotify, o Facebook, o TikTok, o Instagram e outras redes sociais para melhorar a interação dos utilizadores e aumentar a sua satisfação, ou para moldar e manipular a informação que consomem. Estes sistemas identificam padrões e prevêem comportamentos futuros, alimentando um ciclo de feedback que influencia as decisões de consumo, as preferências políticas e as interações sociais, uma vez que desempenham um papel crucial no controlo social, determinando a informação que é apresentada aos utilizadores nas plataformas digitais. Estas ferramentas podem personalizar o conteúdo que as pessoas vêem, criando câmaras de eco onde apenas são expostas a perspectivas semelhantes. Este facto não só limita o acesso a informação diversa, como também pode polarizar opiniões e fomentar divisões sociais. A manipulação da informação através das redes sociais conduziu à disseminação de desinformação e de teorias da conspiração, minando a confiança nos meios de comunicação tradicionais e dificultando o diálogo público informado. No entanto, a sua utilização também levanta questões sobre a autonomia individual e o controlo das decisões pessoais.

Diz-se que os algoritmos de recomendação funcionam principalmente através de duas abordagens, a filtragem colaborativa que se baseia nas interações e classificações de outros utilizadores com gostos semelhantes. Por exemplo, se um utilizador A tiver preferências semelhantes às de um utilizador B, o sistema recomendará a A conteúdos de que B tenha gostado. Esta abordagem pode ser explícita, através de classificações diretas nas próprias aplicações, ou implícita, através da análise comportamental.

A filtragem baseada no conteúdo, por outro lado, centra-se nas caraterísticas dos itens que o utilizador consumiu anteriormente, uma vez que analisa os atributos dos produtos ou conteúdos (como o género, o autor ou o tópico) e sugere outros que partilham conteúdos semelhantes. No entanto, muitos sistemas modernos combinam ambas as abordagens para melhorar a precisão das recomendações, tirando partido das vantagens de cada uma e atenuando as desvantagens.

Apesar dos benefícios dos algoritmos de recomendação, a sua utilização tem também implicações significativas para a autonomia individual. A comparação constante com as representações dos outros nas redes sociais pode distorcer a perceção que os indivíduos têm da realidade. Ao observar vidas aparentemente perfeitas, muitos podem sentir-se inadequados ou insatisfeitos com as suas próprias experiências, o que conduz a uma identidade dividida e a uma desvalorização do autêntico em favor do superficial.

A autonomia individual é comprometida num ambiente em que os utilizadores acreditam ter controlo sobre as suas informações pessoais, decidindo o que partilhar. No entanto, esta perceção é enganadora. Estes algoritmos influenciam decisões e comportamentos sem que os utilizadores tenham plena consciência disso.

Embora a personalização das plataformas possa melhorar a experiência do utilizador ao facilitar a descoberta de conteúdos relevantes, pode conduzir à "polarização". Os utilizadores podem ficar presos em "bolhas de filtragem", onde apenas lhes são apresentadas informações que reforçam as suas crenças existentes, limitando a sua exposição a perspectivas diversas. Isto pode afetar a sua capacidade crítica e a sua vontade de explorar novas ideias.

A crescente dependência destas recomendações pode levar a um declínio da capacidade do indivíduo para fazer escolhas informadas por si próprio. Ao dependerem de algoritmos para selecionar conteúdos ou produtos, os utilizadores podem perder capacidades críticas para avaliar as opções de forma independente. As plataformas podem utilizar algoritmos não só para personalizar experiências, mas também para manipular comportamentos.

Por exemplo, ao dar prioridade a certos tipos de conteúdos em detrimento de outros, podem influenciar as decisões de compra ou as opiniões políticas dos utilizadores. Isto levanta questões éticas sobre o controlo que estas plataformas têm sobre a informação que consumimos.

Do mesmo modo, os algoritmos podem perpetuar as desigualdades ao favorecerem certos tipos de conteúdos mais rentáveis ou populares, afectando a diversidade cultural ao limitarem a igualdade de acesso a informações diversas.

Os algoritmos de recomendação são ferramentas poderosas que transformaram a forma como interagimos com os conteúdos digitais. No entanto, o seu impacto na autonomia individual é complexo e multifacetado. Embora ofereçam comodidade e personalização, também apresentam riscos significativos relacionados com a polarização, a dependência tecnológica e a manipulação da informação. É essencial que tanto os utilizadores como os criadores estejam conscientes destes efeitos, a fim de incentivar uma utilização mais consciente e crítica destas tecnologias.

3.5 Comparação entre o panopticon digital e a vigilância digital.

Em termos conceptuais, embora ambos se centrem no digital, isso não significa que sejam exatamente iguais. Pelo contrário, enquanto o panopticon se refere à estrutura de controlo e vigilância em que os indivíduos são constantemente observados através de plataformas digitais. O panótico digital implica que os utilizadores estão conscientes de que podem ser observados, o que influencia o seu comportamento. A vigilância baseia-se na ideia de que a possibilidade de ser observado gera autocontrolo e conformidade.

A vigilância digital refere-se à prática mais ampla de monitorizar e recolher dados sobre as actividades dos utilizadores em ambientes digitais. Isto pode incluir a recolha de informação por governos, empresas e outras entidades, muitas vezes sem o conhecimento ou consentimento dos utilizadores. A vigilância nem sempre implica que os indivíduos estejam conscientes de que estão a ser observados, ao contrário do que acontece no panótico, em que os indivíduos estão conscientes de que estão simultaneamente a ser observados.

Com base nos seus métodos de controlo, o panopticon utiliza ferramentas como as redes sociais, as aplicações móveis e os dispositivos conectados para incentivar a autovigilância. Os utilizadores, ao partilharem informações sobre si próprios, participam ativamente na sua própria vigilância. É evidente como os indivíduos ajustam o seu comportamento em linha para se enquadrarem nas expectativas e normas sociais das plataformas. A vigilância digital, por outro lado, utiliza tecnologias como o rastreio de dados, a análise comportamental e a recolha de informações pessoais. Este tipo de vigilância pode ser efectuado sem o conhecimento do utilizador e é frequentemente justificado em nome da segurança ou da personalização dos serviços.

Ou seja, enquanto o panótico digital se centra na autovigilância e na conformidade social num ambiente em que a possibilidade de ser observado influencia o comportamento, a vigilância digital engloba um leque mais vasto de práticas de monitorização que podem ocorrer sem o conhecimento do utilizador.

Capítulo 4: As redes sociais como espaços de vigilância

As redes sociais revolucionaram a forma como comunicamos e partilhamos informação. No entanto, por detrás da sua utilidade e comodidade, escondem-se dinâmicas de vigilância que têm um impacto profundo na vida dos utilizadores, sobretudo dos jovens. Estas plataformas funcionam não só como espaços de interação social, mas também como ambientes onde a vigilância se normalizou, afectando a construção de identidades e a privacidade dos indivíduos.

As redes sociais, como o Facebook, o Instagram e o TikTok, recolhem grandes quantidades de dados sobre os seus utilizadores. Cada gosto, comentário e publicação torna-se parte de um perfil digital que as empresas utilizam para criar perfis comportamentais. Isto não só permite que as plataformas forneçam publicidade personalizada, como também se traduz numa forma de vigilância constante. Os utilizadores são monitorizados em tempo real, criando um ambiente onde cada ação pode ser observada e analisada.

A natureza pública das redes sociais cria uma pressão inerente para que os utilizadores se apresentem de uma forma atraente e bem sucedida. Este fenómeno, muitas vezes designado por "performatividade", significa que os jovens sentem a necessidade de cuidar da sua imagem em linha, mostrando apenas os aspectos mais positivos da sua vida. Esta procura de aprovação social pode levar a uma distorção da identidade, em que os utilizadores estão mais preocupados com a forma como são vistos do que com a sua autenticidade.

Por exemplo, em plataformas como o Instagram, é comum ver imagens perfeitamente editadas e momentos de vida idealizados. Esta representação pode fazer com que os outros se sintam inadequados ou insatisfeitos com as suas próprias vidas, reforçando a ansiedade e a pressão social. A necessidade de gostos e comentários positivos torna-se um objetivo, afectando frequentemente a saúde mental dos utilizadores.

O panopticon é especialmente relevante no contexto das redes sociais. Neste modelo de vigilância, os indivíduos são observados sem saberem quando estão a ser observados, o que influencia o seu comportamento. No mundo digital, os utilizadores sentem frequentemente que estão a ser vigiados, o que pode levá-los a modificar o seu comportamento para corresponder às expectativas dos outros. Esta vigilância não vem apenas das plataformas, mas também dos pares, que podem julgar e comentar o que é publicado.

Como a vigilância se tornou uma parte normalizada da experiência das redes sociais, os utilizadores, especialmente os jovens, podem vir a aceitar esta dinâmica como natural. Este facto pode levar a uma falta de consciência das implicações da exposição constante. A ideia de que "se não está online, não existe" reforça a noção de que a vida deve ser documentada e partilhada, o que perpetua o ciclo de vigilância.

Um exemplo claro disso é *Speed,* que durante uma das suas transmissões ao vivo, TikToker Speed, viveu um momento aterrador quando a polícia foi a sua casa devido a uma partida de "swatting", que é quando uma pessoa chama os agentes por causa de altercações ou coisas graves que estão a acontecer.

Speed, enquanto estava distraído a interagir com os seus seguidores, alguém fingiu uma emergência, levando agentes armados a invadir a sua casa. Este incidente pôs em evidência os perigos da procura de atenção nas redes sociais, em que os utilizadores ficam alarmados por serem observados e não se apercebem dos erros das pessoas.

Além disso, a situação de Speed põe em evidência o facto de estarmos constantemente sob vigilância na era digital. A exposição contínua nas plataformas sociais pode levar a que as partidas se transformem em situações perigosas, mostrando que a linha ténue entre o espetáculo e o risco pode ter consequências reais e graves. Este caso convida à reflexão sobre a responsabilidade que todos temos quando interagimos num mundo onde a visibilidade pode levar a resultados inesperados e potencialmente prejudiciais.

4.1 A construção de identidades digitais sob vigilância constante

Na era digital, a construção de identidades foi radicalmente transformada, especialmente para os jovens que cresceram num ambiente em que a tecnologia e as redes sociais são omnipresentes. Esta nova realidade levanta uma questão importante: a vigilância constante que os jovens enfrentam não só afecta a forma como se vêem a si próprios, mas também a forma como escolhem apresentar-se ao mundo. A pressão para serem observados e avaliados em cada interação digital pode levar a uma distorção da identidade, criando um espaço onde a autenticidade é comprometida.

Como explicado acima, a vigilância digital manifesta-se de várias formas. Desde a recolha de dados por plataformas como o Facebook, o Instagram e o TikTok, até à pressão social para serem "vistos" e "aceites", os jovens estão constantemente conscientes de que as suas acções estão sob o escrutínio dos seus pares. Este fenómeno pode ser compreendido através do conceito de panopticon, uma vez que, no contexto digital, cada publicação, comentário e "gosto" se torna um ato público que pode ser escrutinado e julgado, criando uma pressão constante para se conformar a determinadas expectativas.

A necessidade de aprovação social torna-se um poderoso motor na construção de identidades digitais. Os jovens sentem frequentemente que o seu valor pessoal está ligado ao número de gostos e comentários que recebem. Esta procura de validação pode levar à criação de uma imagem idealizada, onde os aspectos negativos ou vulneráveis da vida são escondidos.

Em plataformas como o Instagram, é comum os utilizadores partilharem apenas os momentos mais felizes e emocionantes, o que pode fazer com que os outros sintam que a sua vida não tem comparação. Este fenómeno não só afecta a autoestima, como também pode fomentar um ciclo de ansiedade e depressão, uma vez que os jovens ficam presos numa comparação constante com as vidas aparentemente perfeitas dos outros.

A vigilância constante também cria um conflito interno entre a autenticidade e a projeção de uma identidade desejada. Os jovens podem sentir-se pressionados a agir de uma determinada forma para se integrarem ou serem aceites, o que pode levar a uma desconexão com o seu verdadeiro "eu". Perguntam a si próprios: "Sou realmente eu online, ou apenas o que os outros querem que eu seja?" Esta luta pela autenticidade pode resultar numa crise de identidade, em que os jovens são forçados a navegar entre a necessidade de serem aceites e o desejo de serem genuínos.

Um exemplo claro deste problema pode ser visto no fenómeno dos "influenciadores". Muitos jovens aspiram a tornar-se influenciadores, mas muitas vezes são apanhados pela necessidade de manter uma imagem perfeita e um estilo de vida que nem sempre é real. Este desejo de serem vistos e seguidos pode levar à criação de conteúdos que não reflectem a sua verdadeira vida, mas sim uma versão editada e cuidadosamente curada. A pressão para ser constantemente "interessante" e "atrativo" pode resultar num desgaste emocional significativo.

O panopticon digital não tem apenas a ver com a observação, mas também com a forma como essa observação afecta o comportamento. A vigilância constante pode levar os jovens a atuar de formas que consideram socialmente aceitáveis, em vez de simplesmente serem autênticos. Isto pode resultar numa desconexão entre a sua vida em linha e o seu verdadeiro "eu". Por outro lado, alguns jovens começam a aperceber-se desta pressão e procuram formas de serem autênticos apesar da vigilância. Criam espaços onde se podem exprimir sem medo de serem julgados, como grupos fechados nas redes sociais ou salas de conversação privadas.

4.2 Auto-exposição nas redes sociais

A auto-exposição em plataformas digitais tornou-se um fenómeno omnipresente na vida quotidiana de milhões de pessoas, especialmente entre os jovens. Ao partilharem momentos das suas vidas através de fotografias, vídeos e publicações, os utilizadores criam uma narrativa pessoal que pode ser vista e comentada por um público potencialmente global. No entanto, esta prática, embora possa parecer inofensiva ou mesmo benéfica, acarreta uma série de implicações psicológicas, sociais e éticas.

A auto-exposição nas redes sociais, como o Instagram, o TikTok e o Facebook, tornou-se normal na cultura contemporânea. A capacidade de partilhar experiências e obter feedback instantâneo levou muitas pessoas a documentar todos os aspectos das suas vidas, desde momentos quotidianos a marcos importantes. Esta cultura de auto-exposição é alimentada pelo desejo de ligação e validação, em que os "gostos" e os comentários positivos se tornam formas de medir a aprovação social.

Existem várias motivações para a auto-exposição nas plataformas digitais, como a procura de validação, uma vez que muitos utilizadores procuram a aprovação dos pares através de "gostos" e comentários. Esta necessidade de validação pode ser especialmente intensa nos adolescentes, que se encontram numa fase crucial do desenvolvimento da sua identidade.

A construção da identidade é um fator importante na auto-exposição, uma vez que permite aos indivíduos construir e projetar uma identidade que querem que os outros reconheçam. Isto implica muitas vezes uma cuidadosa seleção da imagem que é apresentada, escolhendo apenas os aspectos mais positivos da vida.

Do mesmo modo, muitos jovens procuram uma ligação social, na medida em que a partilha de experiências em linha pode facilitar a ligação com amigos e familiares, bem como com pessoas que partilham interesses semelhantes. No entanto, esta ligação pode ser superficial, dependendo do contexto e da profundidade das interações.

Muitos indivíduos ligados em rede experimentam a criatividade e a auto-expressão, tal como, para alguns, as plataformas digitais são um meio de criatividade e auto-expressão. Publicar arte, música ou escrever sobre experiências pessoais pode ser uma forma de partilhar talentos e perspectivas únicas.

No entanto, estas motivações podem ter consequências significativas, como a pressão social e a necessidade de ser constantemente "interessante" ou "perfeito". Isto pode levar a uma pressão esmagadora. Os utilizadores podem sentir que têm de manter uma imagem idealizada, o que pode levar à ansiedade e à frustração de tentar ter uma imagem que é alheia à sua realidade ou mesmo de querer enquadrar-se nas expectativas sociais, independentemente do seu contexto cultural e socioeconómico.

A desconexão da realidade afecta os utilizadores, uma vez que as pessoas se concentram em documentar as suas vidas para as redes sociais, podendo perder de vista a possibilidade de desfrutar dos próprios momentos. A obsessão com a auto-exposição pode desviar a atenção da experiência real de viver devido ao consumo obsessivo de conteúdos. Muitas vezes, os utilizadores tendem a passar mais tempo no seu dispositivo móvel do que a fazer actividades extracurriculares ou a explorar novos passatempos, criando uma distorção na sua realidade que os separa do que é projetado nas redes sociais para a vida real.

O impacto na autoestima é uma caraterística importante da vida dos jovens adolescentes, que se comparam constantemente com as vidas aparentemente perfeitas dos outros e podem afetar negativamente a sua autoestima e auto-perceção, incluindo o sentimento de inadequação se as suas próprias vidas não corresponderem às representações em linha.

Um fator essencial é a privacidade e a segurança, uma vez que a auto-exposição também acarreta riscos para a privacidade. A partilha de informações pessoais pode tornar os utilizadores vulneráveis à exploração, ao ciberassédio ou à vigilância indesejada, uma vez que muitas vezes desconhecem os termos e condições de privacidade das diferentes plataformas e não sabem a que estão sujeitos ao aceitarem os termos e condições.

É importante reconhecer que a auto-exposição tem uma natureza dupla. Por um lado, pode promover a ligação e a criatividade; por outro, pode resultar em ansiedade, pressão social e vulnerabilidade.

4.3 O papel das redes sociais na normalização da vigilância

As redes sociais transformaram a forma como os utilizadores interagem uns com os outros, partilham informações e constroem as suas próprias identidades. No entanto, também desempenharam um papel crucial na normalização da vigilância, tanto a nível pessoal como social. Este fenómeno não só afecta a privacidade individual, como também redefine a dinâmica do poder e do controlo na era digital.

A auto-exposição é uma caraterística central das redes sociais. Os utilizadores partilham aspectos da sua vida quotidiana, desde momentos triviais a eventos importantes, num ambiente em que a visibilidade é valorizada. Esta cultura de exposição não só leva os indivíduos a partilhar mais, como também promove uma forma de vigilância social em que os pares monitorizam e avaliam constantemente as acções uns dos outros. A frase "se não está em linha, não existe" reflecte a forma como esta dinâmica se impregnou nas interações sociais.

Ao contrário das formas tradicionais de vigilância, em que o controlo é exercido por uma autoridade externa, as redes sociais favoreceram um tipo de vigilância em que os próprios utilizadores participam ativamente. Este fenómeno é visível na forma como os indivíduos partilham informações pessoais e permitem que outros acedam aos seus dados. A aceitação de termos e condições, muitas vezes não lidos, é um exemplo claro de como os utilizadores abdicam da sua privacidade em favor da conetividade. Esta participação voluntária normalizou a vigilância, fazendo com que os utilizadores se sintam confortáveis com a ideia de serem observados e avaliados.

A vigilância nas redes sociais também contribuiu para a normalização de práticas como o ciberbullying. A facilidade de acesso a informações pessoais e a capacidade de monitorizar as acções dos outros fez com que alguns utilizadores se sentissem com poderes para assediar ou julgar os outros. Este ambiente de vigilância social pode ter consequências devastadoras e mesmo jurídicas.

A normalização da vigilância nas redes sociais suscita preocupações quanto à privacidade e à identidade. À medida que os utilizadores partilham mais da sua vida em linha, verifica-se uma erosão da privacidade pessoal. Isto não só afecta a forma como os indivíduos se percepcionam a si próprios, como também tem impacto no seu bem-estar emocional. A pressão para manter uma imagem pública perfeita pode levar à criação de identidades distorcidas, em que a autenticidade é sacrificada a favor da aprovação social.

4.4 A cultura da perseguição digital

A vigilância panóptica na era digital e a cultura de "perseguição" digital entre os jovens estão interligadas de uma forma que revela a complexidade da nossa relação com a tecnologia e a privacidade. Enquanto os governos utilizam ferramentas para vigiar os cidadãos, muitos jovens parecem gostar da atenção que recebem em linha, partilhando frequentemente aspectos íntimos das suas vidas.

Marwick (2013) analisa a forma como a cultura de auto-exposição nas redes sociais pode conduzir a situações de perseguição digital, argumentando que a procura de validação através de "gostos" e comentários pode tornar as pessoas mais vulneráveis ao assédio em linha.

Nas últimas décadas, os avanços tecnológicos permitiram aos governos implementar sistemas de vigilância mais sofisticados. A utilização da Internet e das redes sociais facilitou a recolha de dados sobre os cidadãos. Plataformas como o Facebook e o Twitter tornaram-se ferramentas não só de comunicação, mas também de monitorização. Cada "like", cada tweet e cada post torna-se uma peça de um puzzle que o Estado pode utilizar para compreender e controlar a população.

Um exemplo disto pode ser um adolescente que, depois de publicar uma fotografia, passa horas a atualizar o ecrã, à espera que os "gostos" cheguem. Cada notificação é uma injeção de adrenalina, mas também uma fonte de stress: quantos "gostos" são suficientes para se sentir aceite? Esta procura incessante de aprovação cria um ciclo vicioso de ansiedade e mal-estar, em que os jovens sentem que o seu valor depende da sua presença online.

A vigilância já não é apenas uma questão de controlo por entidades externas;

infiltrou-se na vida quotidiana dos jovens. A ideia de ser vigiado tornou-se tão comum que muitos não a questionam. A "vigilância social" manifesta-se na forma como os amigos e seguidores analisam, criticam e comentam cada publicação. Esta dinâmica transforma as interações num espetáculo, em que cada ação é avaliada não só pelo seu conteúdo, mas também pela sua capacidade de atrair a atenção.

A exposição constante e a vigilância social podem levar à criação de identidades fragmentadas, em que os jovens sentem a necessidade de projetar versões idealizadas de si próprios. Em vez de serem autênticos, tornam-se actores num palco digital, desempenhando papéis que podem não refletir quem realmente são. Esta dissonância entre o eu real e o eu digital pode levar a uma crise de identidade, em que a procura de autenticidade é minada pela necessidade de se enquadrar num molde social predefinido.

4.5 Vigilância do Estado

A vigilância do Estado tornou-se uma realidade em muitos países, com os governos a utilizarem tecnologias avançadas para monitorizar os cidadãos. Isto inclui a recolha de dados através das redes sociais e a implementação de sistemas de reconhecimento facial. Embora este tipo de vigilância procure controlar e reprimir, também cria um ambiente em que os jovens estão conscientes de que as suas acções estão a ser vigiadas. No entanto, muitos deles, em vez de verem isso como uma ameaça, adoptam uma atitude de exposição.

Neste contexto de vigilância, os jovens procuram frequentemente validação social através da sua presença em linha. A atenção que recebem nas redes sociais reforça o seu sentimento de identidade e de pertença. Cada "gosto" ou comentário torna-se um indicador de popularidade, o que pode levar a uma maior exposição. Este desejo de reconhecimento pode ser visto como uma resposta à vigilância, uma vez que os jovens optam ativamente por mostrar partes das suas vidas em vez de as esconder.

A necessidade de construir uma identidade num ambiente em que a vigilância é omnipresente pode levar os jovens a partilhar mais do que normalmente fariam. As plataformas digitais tornam-se espaços onde podem experimentar e projetar uma imagem idealizada de si próprios, muitas vezes sem considerar as implicações dessa exposição. Neste sentido, o stalking digital torna-se uma forma de auto-afirmação, em que ser observado é sinónimo de ser relevante.

Capítulo 5: Implicações psicológicas da vigilância digital

A omnipresença da vigilância digital na vida quotidiana através das redes sociais, dos dispositivos móveis e das plataformas em linha tem profundas implicações psicológicas que afectam a saúde mental e o bem-estar dos indivíduos. À medida que a tecnologia avança, é fundamental compreender de que forma esta forma de observação constante tem impacto na psique humana, especialmente entre os jovens, que são os mais afectados por esta dinâmica, uma vez que a vigilância digital cria um ambiente de pressão constante.

Os utilizadores, especialmente os jovens, podem sentir ansiedade relacionada com a necessidade de se apresentarem perfeitamente nos seus perfis em linha. A preocupação com a forma como serão vistos pelos outros pode levar a um estado de alerta permanente, em que cada publicação se torna uma fonte de stress. Esta ansiedade pode manifestar-se através de sintomas físicos e emocionais, incluindo insónias, irritabilidade e problemas de concentração.

A procura de validação através de "gostos" e comentários nas redes sociais pode distorcer a perceção que os jovens têm de si próprios. A sua autoestima torna-se um jogo de números, em que o valor pessoal é medido em termos de interação em linha. Esta dependência da aprovação externa pode levar a sentimentos de inadequação e inutilidade, especialmente quando as expectativas não são correspondidas.

A pressão para manter uma identidade "perfeita" em linha pode resultar numa fragmentação da identidade. Os jovens podem sentir a necessidade de apresentar diferentes versões de si próprios, adaptando-se às expectativas do seu público. Esta situação pode levar a uma desconexão entre o eu real e o eu digital, o que, por sua vez, gera confusão e crises de identidade. A luta para ser autêntico num ambiente que valoriza a imagem em detrimento da realidade pode ser esmagadora.

A vigilância digital contribuiu para a normalização do ciberbullying, em que os comentários negativos e os julgamentos se tornam comuns. Esta exposição constante à crítica pode dessensibilizar os jovens, tornando-os mais susceptíveis de se envolverem em comportamentos ofensivos. A experiência do ciberbullying pode ter efeitos devastadores na saúde mental, levando à depressão, ao isolamento e, em casos extremos, a pensamentos suicidas.

Miley Cyrus, famosa pelo seu papel em Hannah Montana, é um exemplo claro de como a vigilância dos media pode moldar a identidade de uma celebridade. Desde tenra idade, viveu sob o escrutínio constante dos meios de comunicação social, presa à imagem da "rapariga Disney", o que a levou a uma profunda crise de identidade. Esta pressão para ser perfeita e aceite levou-a a adotar um estilo rebelde, exemplificado no seu álbum ***Bangerz***, provocando críticas e debates sobre a sua autenticidade. A vigilância constante afectou a sua saúde mental, levando-a a sofrer de ansiedade e depressão. No entanto, Miley transformou a sua dor em poder, utilizando a sua plataforma para defender a auto-aceitação e a liberdade de expressão. A sua história mostra como a vigilância digital não só tem impacto na perceção do público, como também pode distorcer a realidade pessoal, criando uma desconexão entre o eu autêntico e a imagem projectada.

A vigilância constante pode fomentar um sentimento de paranoia e desconfiança. Os utilizadores podem começar a questionar as intenções das pessoas que os rodeiam, temendo ser observados ou julgados a qualquer momento. Esta desconfiança pode afetar as relações interpessoais, criando um ambiente em que a comunicação aberta e honesta fica comprometida.

A sobre-exposição à vigilância digital pode levar à fadiga da privacidade, em que os indivíduos se sentem exaustos com a necessidade de gerir a sua imagem em linha. Este cansaço pode resultar numa apatia em relação à privacidade, em que os jovens deixam de se preocupar com as implicações da partilha das suas informações pessoais. No entanto, esta falta de atenção pode ter consequências graves, incluindo a exploração de dados pessoais e a ciberperseguição.

A história de Britney Spears é um exemplo claro de como a vigilância constante pode afetar a saúde mental e a identidade de uma figura pública. Desde a sua ascensão meteórica na indústria musical no final da década de 1990, Britney Spears foi sujeita a um escrutínio implacável por parte dos meios de comunicação social e do público. A pressão para ser "a rapariga pop perfeita" foi intensificada pela omnipresença dos meios de comunicação social e da cultura da coscuvilhice, em que cada movimento era escrutinado e criticado.

Este ambiente hostil atingiu o seu auge em 2007, quando, após uma série de acontecimentos traumáticos, como o divórcio do marido e a perda da custódia dos filhos, Britney sofreu um colapso emocional, incluindo comportamentos auto-destrutivos, como o famoso incidente em que rapou a cabeça. A vigilância não só contribuiu para o seu colapso, como também levou à sua subsequente tutela, que limitou severamente a sua autonomia durante mais de uma década. A batalha de Britney para recuperar o controlo da sua vida é semelhante à de muitos jovens que se debatem com as expectativas da sociedade e com a pressão de serem constantemente vigiados. A sua história é um poderoso lembrete de que, por detrás de cada imagem pública, existe um ser humano que pode ser profundamente afetado pela vigilância e pelo julgamento da sociedade.

5.1 Efeitos da vigilância no comportamento individual

Na era digital, a vigilância tornou-se uma constante na vida quotidiana. Da supervisão no local de trabalho à monitorização nas redes sociais, a sensação de estar a ser observado permeia todos os aspectos da nossa existência. Este fenómeno não só transforma a forma como nos comportamos, mas também altera a dinâmica interpessoal. Em particular, a vigilância afecta profundamente o desempenho e a produtividade em ambientes de trabalho, bem como a confiança nas relações pessoais. Ao explorarmos estas questões, torna-se claro que a vigilância, em vez de ser uma ferramenta para melhorar, pode tornar-se uma armadilha que limita a criatividade e corrói a confiança.

No local de trabalho, o controlo é uma faca de dois gumes. Por um lado, a supervisão pode incentivar os empregados a manter um elevado nível de produtividade. A ideia de ser vigiado leva muitas vezes as pessoas a trabalhar mais, a cumprir prazos e a atingir objectivos. No entanto, esta pressão pode ter um custo elevado. Quando os empregados sentem que estão sob um microscópio constante, a criatividade e a inovação podem ser sufocadas. A necessidade de cumprir normas rígidas pode levar os trabalhadores a aderir a rotinas previsíveis, com receio de se desviarem do que é esperado deles.

A vigilância não afecta apenas a produtividade; tem também um impacto devastador na confiança. Quando as pessoas se sentem vigiadas, tendem a ser mais reservadas e cautelosas nas suas interações. Esta desconfiança pode florescer num ambiente onde a privacidade é uma ilusão, criando uma atmosfera de suspeita e desconfiança. As relações interpessoais, que deveriam ser um refúgio de apoio e compreensão, tornam-se campos de batalha, onde cada palavra e ação é avaliada sob a lente da vigilância.

Esta dinâmica é ainda mais complicada no contexto das redes sociais, onde a exposição constante pode fazer com que as pessoas se sintam inseguras quanto à forma como são vistas pelos outros. Neste espaço, a vigilância não é apenas externa; os indivíduos também se tornam os seus próprios cães de guarda, monitorizando cuidadosamente a forma como se apresentam ao seu público. Esta auto-vigilância pode levar a uma falta de autenticidade, em que as pessoas sentem a necessidade de projetar versões idealizadas de si próprias, receando que quaisquer erros possam ser detectados e utilizados contra elas.

O resultado é um ciclo vicioso de desconfiança, em que a necessidade de manter uma imagem pública perfeita mina a sinceridade nas relações. As conversas tornam-se superficiais, os laços enfraquecem e a intimidade torna-se um conceito cada vez mais esquivo. Num mundo em que cada interação pode ser monitorizada e julgada, a autenticidade é sacrificada no altar da aprovação social.

5.2 Efeito FOMO

Fear of Missing Out' (FOMO), ou 'medo de perder', é um termo que descreve a ansiedade que as pessoas sentem quando acreditam que estão a perder experiências gratificantes que outros estão a desfrutar. Este fenómeno tornou-se especialmente prevalente na era das redes sociais, em que as pessoas estão constantemente expostas às actividades e experiências dos seus amigos e conhecidos.

Esta situação é intensificada num ambiente de vigilância, uma vez que os jovens sentem a pressão de estar sempre ligados e atentos ao que os seus pares estão a fazer. Este impulso pode levar a uma sobre-exposição nas redes sociais, onde momentos da vida quotidiana são partilhados numa tentativa de não serem deixados de fora da conversa. Este fenómeno reflecte a forma como a vigilância estatal e o desejo de atenção estão interligados, criando um ciclo em que a auto-expressão é influenciada pela necessidade de ser visto.

No entanto, esta cultura de vigilância e exposição também tem os seus riscos. A pressão para estar constantemente visível pode levar a problemas de saúde mental, como a ansiedade e a depressão, especialmente se a validação em linha não se traduzir em ligações significativas na vida real. Além disso, a falta de limites na auto-apresentação pode resultar em repercussões negativas, em que a linha entre o pessoal e o público se esbate.

É fundamental que os jovens comecem a reavaliar a sua relação com a privacidade num mundo em que a vigilância estatal é uma realidade. A educação sobre a gestão da identidade digital e a importância de estabelecer limites pode ser fundamental. Aprender a equilibrar a necessidade de auto-expressão com a proteção da privacidade pode capacitar os jovens a navegar num ambiente em que a vigilância e a exposição fazem parte da vida quotidiana.

Na era digital, a vigilância panóptica encontrou um novo campo de aplicação no mundo dos jogos de vídeo, onde os jovens interagem em ambientes virtuais cada vez mais conectados. Através da recolha de dados e da monitorização do comportamento em linha, os jogadores tornam-se sujeitos de uma vigilância constante que, muitas vezes, não reconhecem nem compreendem plenamente. Esta falta de consciência pode levar a uma normalização da vigilância, em que os jovens, movidos por um desejo de pertença e validação social, ignoram as implicações de estarem a ser observados.

A economia da atenção: The Desperate Search for Likes and Its Cost.

A economia da atenção é a forma como as empresas de tecnologia e os criadores de conteúdos lutam pelo tempo e pela atenção dos utilizadores. Sempre que percorremos o nosso feed ou vemos um vídeo viral, estamos a participar nesta competição. Os algoritmos são concebidos para nos manter envolvidos, o que significa que o conteúdo que consumimos é cuidadosamente selecionado para captar a nossa atenção.

Na era digital, a atenção tornou-se o novo ouro. Plataformas como o TikTok criaram um ambiente em que a procura de gostos e seguidores pode levar os criadores de conteúdos a fazer coisas extremas, pondo muitas vezes em risco a sua segurança e dignidade. Esta obsessão por ser visto e reconhecido pode ter consequências devastadoras.

Os desafios virais nas redes sociais são um exemplo claro desta tendência. Muitos jovens sentem-se pressionados a participar em desafios que podem ser perigosos ou humilhantes só pela possibilidade de se tornarem virais. Há casos documentados de ferimentos graves e até mortes acidentais devido a desafios que começaram como simples tendências do TikTok. A procura de atenção pode levar algumas pessoas a ignorar os riscos, motivadas pela promessa de fama instantânea.

Para além dos riscos físicos, muitos criadores sacrificam o seu orgulho e dignidade na procura de validação social.

Um exemplo notável é o de La Joela, um jogador do TikToker que, depois de perder um desafio em direto, decidiu despir-se na sua transmissão. Este ato, que poderia ter sido uma forma de humor ou uma reação impulsiva, tornou-se rapidamente um objeto de ridículo e desprezo na plataforma. A reação do público foi implacável e "la Joela" tornou-se um meme, mostrando como a procura de atenção se pode transformar numa experiência humilhante.

Estas situações põem em evidência uma realidade perturbadora: para muitos, os gostos e os comentários tornaram-se uma medida de valor pessoal. Em vez de construírem uma identidade baseada em quem realmente são, alguns jovens são forçados a desempenhar papéis que vão contra a sua dignidade, apenas para obterem essa validação efémera oferecida pelas redes sociais.

Alguns exemplos dados de jovens que procuram a fama através de desafios extremos levaram à perda de vidas e de dignidade.

Exemplos claros são os seguintes:

Em 30 de julho de 2019, um youtuber chinês conhecido como Sun, de 35 anos, teve uma morte chocante enquanto transmitia um desafio em direto no DouYou, a plataforma chinesa equivalente ao YouTube. Sun era famoso pelos seus vídeos radicais e por procurar constantemente formas de captar a atenção do seu público, o que o levou a realizar desafios cada vez mais perigosos. Nesta ocasião, decidiu fazer um desafio que consistia em fazer girar uma roda com diferentes opções de comida e consumir o que conseguisse. No entanto, o que escolheu foi bastante arriscado: começou a comer centopeias venenosas e salamandras vivas, acompanhadas de vinagre e de um licor local chamado baijiu. À medida que o vídeo avançava, o seu comportamento parecia cada vez mais bizarro; os telespectadores notaram que ele parecia desconfortável e lutava para se manter consciente. Enquanto os seus 15 000 seguidores estavam colados aos ecrãs, Sun desvaneceu-se subitamente, caindo no chão sem conseguir reagir. A emissão continuou a ser transmitida, revelando o momento trágico em que a namorada o encontrou sem vida pouco depois. A polícia chegou ao local e descobriu que a câmara ainda estava a gravar, deixando todos os telespectadores em estado de choque. Na sequência do incidente, o DouYou decidiu retirar todos os vídeos do canal de Sun.

Este trágico acontecimento sublinha os perigos dos desafios virais que se tornaram populares nas redes sociais. Muitos jovens procuram rapidamente a fama e a validação dos seus seguidores, muitas vezes sem considerar as consequências das suas acções. A procura de "gostos" e visualizações pode levar a situações extremas e, como no caso de Sun, a finais fatais.

A história de Sun suscitou um debate sobre a responsabilidade das plataformas digitais e dos criadores de conteúdos na promoção de comportamentos perigosos. Como os desafios virais continuam a proliferar em linha, é vital que tanto os criadores como os espectadores reflictam sobre os limites da diversão e sobre o que estão realmente dispostos a arriscar pela fama.

Estas situações põem em evidência uma realidade preocupante: a procura de reconhecimento nas redes sociais pode levar a decisões extremas e perigosas. A tendência para tirar fotografias de si próprio em locais de risco não só mostra uma falta de consciência dos perigos físicos, como também revela uma cultura que valoriza a aparência em detrimento da segurança. Os jovens sentem-se muitas vezes pressionados a fazer coisas que vão contra o seu bom senso só para obterem alguns gostos extra ou alguns comentários de admiração. Isto levanta uma questão importante: até onde estão dispostos a ir por um momento de fama online?

O impacto desta tendência vai para além dos indivíduos. A glorificação destas acções nas redes sociais cria um ciclo em que as pessoas continuam a repetir comportamentos de risco numa tentativa de ultrapassar os outros. Cada novo "desafio" ou "tendência" pode tornar-se mais extremo do que o anterior, empurrando os jovens para situações mais perigosas. A necessidade de ser visto e validado num mundo digital pode levar a uma desconexão com a realidade, fazendo com que muitos subestimem o risco que estão a correr.

Neste contexto, é fundamental refletir sobre a forma como estamos constantemente sob vigilância na era digital. A pressão para sermos vistos e reconhecidos pode levar as pessoas a atuar de forma a comprometer a sua segurança. A procura de likes pode toldar o discernimento, e o que começa por ser um simples divertimento pode transformar-se numa experiência traumática. Este fenómeno não afecta apenas aqueles que procuram a fama, mas também tem repercussões para aqueles que os rodeiam, desde amigos e familiares até à comunidade em geral.

A história de Wu Yongning, conhecido como o "Homem-Aranha chinês", ilustra tragicamente os perigos da tendência conhecida como rooftopping, que consiste em subir a edifícios altos sem equipamento de segurança. Wu acumulou milhares de seguidores no Weibo graças às suas acrobacias audaciosas e à sua busca de desafios extremos para ganhar dinheiro e reconhecimento. Esta pressão para manter uma imagem excitante levou-o a realizar uma acrobacia perigosa em direto, que culminou na sua morte quando caiu de um edifício de 62 andares. A sua tragédia mostra como a vigilância social - onde os espectadores não só observam, mas também encorajam comportamentos de risco - pode influenciar as decisões dos criadores de conteúdos. À medida que a cultura dos rooftops continua a crescer, é fundamental refletir sobre a responsabilidade das plataformas e dos criadores, bem como sobre a necessidade de dar prioridade à segurança em detrimento da viralidade, para evitar que histórias como a de Wu se repitam.

Em última análise, a tendência para tirar fotografias no topo dos edifícios é um reflexo claro da cultura da auto-exposição e da economia da atenção. Enquanto os jovens procuram validação num mundo em que os gostos são moeda corrente, é essencial lembrar que por detrás de cada imagem está um ser humano que merece cuidado e respeito. A pressão para se destacar pode levar a escolhas perigosas, e é vital promover uma cultura que dê prioridade à segurança e à autenticidade em detrimento do reconhecimento superficial.

A economia da atenção alimenta uma cultura de insatisfação, em que a procura constante de aprovação pode levar a uma sensação de vazio. Cada like recebido é um pequeno alívio, mas nunca é suficiente. Este ciclo pode levar à ansiedade, à depressão e a uma necessidade constante de estar no centro das atenções, conduzindo a comportamentos cada vez mais extremos e, muitas vezes, auto-destrutivos.

Capítulo 6: Implicações éticas e sociais da vigilância

A vigilância na era digital transformou a forma como os dados pessoais são recolhidos, analisados e utilizados. Este capítulo está estruturado em quatro secções que abordam as implicações éticas e sociais desta prática, centrando-se na privacidade, no papel dos Biga Data na recolha de informações pessoais e nos dilemas éticos e jurídicos que surgem neste contexto.

6.1 A ética da vigilância

A ética da vigilância centra-se nos princípios morais que devem orientar a recolha e utilização de dados pessoais. À medida que as tecnologias avançam, torna-se essencial avaliar o equilíbrio entre os benefícios da vigilância (como a vigilância e a saúde pública) e os direitos individuais à privacidade.

A ética da vigilância refere-se aos princípios morais que regem a prática da observação e da recolha de informações sobre indivíduos e grupos. Neste contexto, é crucial questionar quem tem o direito de efetuar vigilância, com que objetivo e em que condições. De acordo com Lyon (2016), a vigilância deve ser avaliada não só pela sua eficácia, mas também pelo seu impacto na dignidade humana e nos direitos individuais. A ética da vigilância envolve um equilíbrio entre a segurança pública e a proteção da privacidade, em que a transparência e a responsabilização são cruciais para estabelecer a confiança nas instituições que implementam as práticas de vigilância.

De acordo com a Perplexity AI (2024), alguns dos princípios éticos fundamentais são

Transparência: As organizações devem ser claras quanto aos dados que recolhem, para que fins e como serão utilizados. A falta de transparência pode corroer a confiança do público, uma vez que a OMS (2024) argumenta que "na ausência de confiança, [as pessoas] não comunicarão informações pessoais ou, se o fizerem, não serão fiáveis. Se a vigilância (neste caso, da saúde pública) abordar antecipadamente questões éticas problemáticas e procurar proactivamente reduzir riscos desnecessários, muito terá sido feito para ganhar e manter a confiança das populações afectadas".

Também menciona que "as organizações ou agências responsáveis pela vigilância da saúde pública devem ter em conta os valores, as preocupações e as prioridades da população de uma forma transparente. As comunidades não podem ser envolvidas se não tiverem forma de conhecer os benefícios e os riscos (ou potenciais efeitos negativos) da vigilância".

Consentimento: É essencial obter o consentimento informado das pessoas antes de recolher os seus dados. Isto implica que os indivíduos devem estar plenamente conscientes da forma como as suas informações serão utilizadas. A este respeito, a OMS (2024) refere que 'Os principais valores orientadores da ética da investigação são a autonomia, a privacidade e a confidencialidade. ' e 'Por vezes, os dados registados durante a vigilância, como nomes e moradas, podem ser utilizados para identificar indivíduos. A utilização de identificadores únicos (por exemplo, números em vez de nomes) é uma forma de evitar a divulgação inadvertida da identidade das pessoas. Outro método é a "máscara geográfica", que serve para manter um registo de dados essenciais sobre a distribuição dos casos, mas não permite saber a localização exacta dos grupos de casos.

A avaliação dos instrumentos legais que protegem as pessoas mais susceptíveis de serem prejudicadas é outra estratégia para garantir que estão em vigor disposições abrangentes de proteção social antes da vigilância.

Proporcionalidade: A recolha de dados deve ser proporcional ao objetivo a atingir. Não devem ser recolhidos mais dados do que os necessários para cumprir um objetivo específico.

6.2 Implicações éticas da vigilância ubíqua

Antes de começar com as implicações éticas da vigilância omnipresente, é necessário compreender o conceito de vigilância omnipresente.

A vigilância ubíqua refere-se à capacidade de observar e recolher dados em qualquer altura e em qualquer lugar, graças a tecnologias como os smartphones, as câmaras de segurança e os dispositivos da Internet das Coisas (IoT). Esta forma de vigilância levanta sérias implicações éticas. Foucault (2002) refere que a presença constante de dispositivos de monitorização pode criar um ambiente de ansiedade e autocensura, em que os indivíduos se sentem obrigados a modificar o seu comportamento por receio de serem observados. Além disso, Zuboff (2019) argumenta que a vigilância omnipresente pode corroer a privacidade, um direito fundamental, levando a uma normalização da exposição e a uma falta de espaços seguros para a privacidade. Esta vigilância suscita preocupações éticas e um impacto na privacidade.

A monitorização constante pode levar a uma erosão significativa da privacidade pessoal. Os indivíduos podem sentir que não têm controlo sobre a sua informação, o que pode resultar num estado de ansiedade e desconfiança em relação às instituições.

A aceitação generalizada da vigilância pode levar a uma normalização da monitorização em várias esferas da vida, do trabalho ao lar. Isto pode alterar as normas sociais sobre o que é considerado aceitável em termos de privacidade, tal como mencionado pela OPAS (2017), "Existem muitos tipos diferentes de danos: económicos, legais, psicológicos, sociais (bem como de reputação) e físicos. Todos eles devem ser considerados em relação à vigilância (70-72). Por exemplo, através da vigilância, um migrante ou uma pessoa de outro grupo desfavorecido pode ser identificado como um indivíduo com maior risco de contrair uma doença infecciosa, o que pode levar à estigmatização do grupo. As informações relevantes devem ser tratadas com muito cuidado: a reputação pode ser prejudicada rapidamente e os resultados podem ser devastadores num espetro que pode incluir tipos de danos ainda não documentados (73). Os diferentes valores morais e princípios éticos devem ser ponderados e equilibrados entre si, e deve chegar-se a uma conclusão sobre a distribuição justa dos encargos e benefícios em diferentes iniciativas ou sistemas de controlo de forma transparente.

6.3 Os grandes volumes de dados e a recolha maciça de informações pessoais

O aumento do Big Data permitiu às organizações recolher e analisar grandes volumes de informações pessoais. Embora este facto possa trazer benefícios significativos, como melhorias nos serviços públicos e cuidados de saúde personalizados, também levanta sérias preocupações éticas .

Big Data" refere-se à recolha e análise de grandes volumes de dados, frequentemente em tempo real. Embora esta prática possa oferecer benefícios significativos, como a melhoria dos serviços e a identificação de padrões, também suscita sérias preocupações éticas. Fernandez (2017) afirma que "os grandes volumes de dados, enquanto tendência, surgem quando a indústria se apercebe de que não pode armazenar e gerir a informação de uma forma convencional; é, por conseguinte, um passo lógico no processo de utilização das TIC.

Regan (1995) refere que a recolha em massa de informações pessoais é frequentemente feita sem o consentimento informado dos indivíduos, levantando questões sobre a autonomia e o controlo sobre os próprios dados. Do mesmo modo, Cohen (2012) afirma que a utilização de algoritmos para processar estes dados pode perpetuar preconceitos existentes e discriminar determinados grupos, salientando a necessidade de uma regulamentação mais rigorosa e de práticas mais éticas no tratamento dos dados.

Alguns riscos associados ao Big Data são:

Discriminação algorítmica: os algoritmos podem perpetuar preconceitos existentes se forem alimentados com dados tendenciosos, o que pode resultar em decisões injustas em áreas como o emprego, o crédito ou os cuidados de saúde.

Falta de controlo: Muitas vezes, as pessoas não têm controlo sobre os seus dados depois de estes serem recolhidos. Este facto pode levar a situações em que as suas informações são utilizadas sem o seu conhecimento ou consentimento.

Segurança dos dados: A recolha em massa aumenta o risco de violações de segurança, expondo informações sensíveis a ataques informáticos.

6.4 Dilemas éticos e jurídicos na era digital

A era digital apresenta uma série de dilemas éticos e jurídicos relacionados com a vigilância. Como as tecnologias evoluem mais rapidamente do que as leis que as regulam, surgem desafios significativos. Cohen (2012) observa que um deles é a falta de legislação adequada para proteger a privacidade dos indivíduos num ambiente em que os dados são recolhidos de forma tão extensiva. Os regulamentos, como o Regulamento Geral sobre a Proteção de Dados (RGPD) na Europa, começaram a abordar estes problemas, mas ainda há um longo caminho a percorrer. Além disso, a rápida evolução da tecnologia ultrapassa frequentemente a capacidade de adaptação das leis, criando um vazio regulamentar. Este contexto levanta questões sobre a responsabilidade das empresas e dos governos na proteção dos direitos dos cidadãos, bem como a necessidade de um quadro jurídico que garanta a transparência e a equidade nas práticas de vigilância.

Alguns dos desafios jurídicos são a regulamentação inadequada, uma vez que, embora existam muitas leis, estas não estão equipadas para abordar as questões complexas associadas à vigilância digital, criando um vazio jurídico que pode ser explorado pelas organizações. Por outro lado, existem jurisdições confusas, uma vez que a natureza global da Internet complica ainda mais a conformidade legal, pois os diferentes países têm normas diferentes em matéria de privacidade e proteção de dados.

Entre as considerações éticas está a responsabilidade empresarial das empresas, que devem assumir a responsabilidade pela forma como utilizam os dados pessoais. Isto inclui a implementação de práticas éticas no tratamento de informações sensíveis. Além disso, a vigilância não deve comprometer os direitos humanos fundamentais, uma vez que é essencial garantir que as práticas de vigilância respeitam esses direitos e não conduzem a abusos.

Por outras palavras, as implicações éticas e sociais na era digital são complexas e multifacetadas, exigindo uma análise cuidadosa e crítica. É essencial estabelecer um quadro ético sólido para orientar as práticas de recolha e utilização de dados pessoais, garantindo assim um equilíbrio entre a segurança pública e o respeito pelos direitos individuais. É essencial que a sociedade enfrente estes desafios promovendo a consciencialização de que a vigilância deve ser uma ferramenta para a segurança e o bem-estar, e não um meio de controlo e opressão.

Capítulo 7: Resistir ao panopticon digital

A interiorização deste controlo social tem um impacto profundo no comportamento individual, conduzindo ao conformismo, à ansiedade e à desconfiança nas relações interpessoais. No entanto, à medida que a vigilância se torna a norma, surge também uma resistência significativa. Através da sensibilização para a privacidade, da utilização de tecnologias de proteção de dados e do ativismo coletivo, os indivíduos encontram formas de se oporem à vigilância e de recuperarem a sua autonomia.

Uma das formas mais eficazes de resistência ao panótico digital é a sensibilização para as práticas de vigilância e a educação para a privacidade digital. À medida que mais pessoas se informam sobre a forma como os seus dados são recolhidos, utilizados e partilhados, começam a questionar a normalização da vigilância. Esta sensibilização pode levar a mudanças de comportamento, como a utilização de definições de privacidade mais rigorosas nas redes sociais, a escolha de plataformas que dão prioridade à segurança dos dados e a utilização de ferramentas de encriptação. A educação digital permite que os utilizadores tomem decisões informadas sobre a sua presença em linha, desafiando assim o controlo exercido pelas empresas e pelos governos.

A resistência ao panótico digital também se manifesta na utilização de tecnologias concebidas para proteger a privacidade. Ferramentas como navegadores orientados para a privacidade (como o Tor), aplicações de mensagens encriptadas (como o Signal) e extensões de navegador que bloqueiam os rastreadores (como o uBlock Origin) são exemplos de como os indivíduos se podem proteger da vigilância. Estas tecnologias permitem aos utilizadores navegar no mundo digital com um maior sentimento de segurança, dificultando as capacidades de vigilância de agentes externos. A utilização de

VPNs (redes privadas virtuais) também se tornou popular como forma de ocultar a atividade em linha e evitar a vigilância.

Algumas destas aplicações são Signal, NordVPN ou ExpressVPN, Brave ou Firefox Focus, DuckDuckGo, Jumbo privacy, etc. Estas aplicações ajudam a gerir a privacidade nas redes sociais e noutros serviços online, bloqueiam anúncios e rastreadores por defeito ou servem para remover vestígios de informações pessoais.

Alguns utilizadores do Instagram promoveram a utilização de ferramentas de bloqueio de seguidores e de navegadores privados para proteger as suas informações pessoais. Além disso, partilharam informações sobre como ativar opções de privacidade nas suas contas, como desativar o rastreio de localização ou limitar quem pode ver as suas histórias.

A resistência ao panótico digital não se limita a acções individuais; manifesta-se também em movimentos e ativismo colectivos. Grupos como a Electronic Frontier Foundation (EFF) e a Privacy International trabalham para defender políticas que protejam a privacidade e a liberdade no ambiente digital. Estas organizações sensibilizam o público para as implicações da vigilância e lutam contra a legislação que ameaça a privacidade. Além disso, surgiram protestos e campanhas em linha para desafiar a vigilância estatal e empresarial, sensibilizando para a importância da privacidade como um direito humano.

Atualmente, nota-se que, no TikTok, os criadores de conteúdos começaram a fazer "vídeos informativos" que explicam como proteger a privacidade online. Por exemplo, alguns utilizadores publicam tutoriais sobre como ajustar as definições de privacidade na aplicação, ajudando os outros a estarem mais conscientes da forma como os seus dados são utilizados.

A resistência também se exprime através de subculturas digitais que desafiam as normas estabelecidas. Desde a utilização de memes e de humor para criticar a vigilância até às plataformas descentralizadas que promovem a privacidade, estas formas de contracultura digital criam um espaço para a dissidência.

No YouTube, surgiu um movimento em torno da desmonetização e da censura de conteúdos que abordam questões de vigilância e privacidade. Criadores como "ContraPoints" e "Philosophy Tube" utilizaram as suas plataformas para criticar as políticas das grandes empresas em matéria de privacidade, promovendo a ideia de que os utilizadores devem ter mais controlo sobre os seus dados.

DeleteFacebook, que surgiu em resposta às preocupações com a privacidade e a utilização indevida de dados pela plataforma. Muitas pessoas decidiram apagar as suas contas no Facebook como forma de protesto coletivo contra a vigilância e o controlo dos dados pessoais.

A resistência ao panopticon digital implica uma rejeição da normalização da vigilância. À medida que a vigilância se torna uma parte aceite da vida quotidiana, as pessoas começam a questionar essa aceitação. A resistência pode manifestar-se na recusa de participar em plataformas que sacrificam a privacidade em prol da conveniência, bem como numa crítica à cultura do "partilha-tudo". Esta rejeição da normalização convida a uma reflexão mais profunda sobre o custo da vigilância na liberdade e autonomia individuais.

No TikTok, há uma tendência de vídeos que criticam a cultura do "conteúdo perfeito". Os utilizadores promovem a autenticidade e a vulnerabilidade, partilhando experiências pessoais e imperfeitas para desafiar a pressão para se conformarem com os padrões de beleza ou de sucesso impostos pela plataforma. Isto traduz-se numa rejeição da vigilância social e da necessidade de projetar uma imagem idealizada.

Estes exemplos em plataformas como o TikTok, o YouTube e o Instagram ilustram a forma como os utilizadores estão a tomar medidas para resistir à vigilância digital. Através da educação, da promoção da autenticidade, do ativismo coletivo e da rejeição da normalização da vigilância, os indivíduos estão a desafiar a dinâmica do controlo e a reclamar o seu direito à privacidade num ambiente cada vez mais vigiado.

7.1 Vigilância do Estado e controlo social.

Imagine que, sempre que partilha algo nas redes sociais, há um "olho" invisível a observá-lo. Esta é a essência da vigilância estatal, uma vez que os governos e as instituições utilizam a tecnologia para monitorizar o que os indivíduos fazem, dizem e, em alguns casos, até o que pensam. Embora possa parecer um filme de ficção científica, é mais real do que se pensa.

Funciona de diferentes formas, uma vez que existem tecnologias de vigilância e de controlo social, a começar pelas câmaras que estão por todo o lado, das ruas às lojas.

Não só gravam, como utilizam frequentemente inteligência artificial para analisar comportamentos e detetar "actividades suspeitas". Tal como acontece sempre que se utiliza uma aplicação ou se navega na Internet, deixa-se um rasto de dados. Estes "grandes volumes de dados" podem ser utilizados para traçar o perfil de cada pessoa, o que significa que sabem quem é cada pessoa e do que gosta, mesmo antes de se aperceberem.

É importante notar que, por ter um impacto significativo na liberdade, a vigilância estatal pode ameaçar a liberdade de expressão das pessoas. Estas podem por vezes sentir que as suas palavras e acções estão a ser monitorizadas, pelo que podem optar por não partilhar os seus pensamentos ou mostrar-se em geral, o que conduz a um empobrecimento do diálogo e limita a diversidade de ideias.

Quando os indivíduos se sentem ameaçados, consideram que a vigilância se torna a norma, criando um ambiente em que todos se sentem inseguros e desconfiados, levando as pessoas a evitar discutir questões importantes, como a política ou a justiça social, por medo de repercussões; criando uma cultura do medo.

7.2 O papel da legislação em matéria de dados pessoais.

Imagine que, sempre que utiliza o seu telemóvel ou navega na Internet, deixa uma pegada digital. Essas pegadas são os seus dados: fotografias, mensagens, pesquisas, gostos e desgostos e muito mais. Mas e se eu lhe dissesse que essas pegadas são frequentemente recolhidas por empresas e governos sem que se aperceba disso? É aqui que entra a lei dos dados pessoais, um conjunto de regras que protege a sua privacidade no vasto oceano digital.

Atualmente, vivemos num mundo hiperconectado. Das redes sociais às aplicações de streaming, as informações pessoais estão constantemente a ser partilhadas. O objetivo da legislação relativa aos dados pessoais é garantir que estes são tratados com respeito e que as pessoas têm controlo sobre eles.

Um dos princípios fundamentais da legislação em matéria de dados é o "consentimento informado". Isto significa que as empresas devem pedir a autorização das pessoas antes de utilizarem os seus dados pessoais. Para além disso, deve ser dada uma explicação clara e simples sobre a forma como os dados serão utilizados.

A legislação relativa aos dados pessoais concede o "direito de saber". Isto significa que cada indivíduo tem o direito de perguntar às empresas que dados detêm sobre si e como os estão a utilizar. Este direito não só dá poder aos indivíduos, como também promove a transparência. As empresas sabem que podem ser contestadas, o que as motiva a serem mais cuidadosas com as informações que tratam.

Por vezes, os dados pessoais podem estar incorrectos, razão pela qual a lei prevê um "direito de retificação" desses dados. Se forem encontradas informações inexactas, pode ser pedida a sua correção. Isto é especialmente importante em situações como a procura de emprego, em que uma simples inexatidão pode afetar o futuro de uma pessoa.

Manter a exatidão dos dados é crucial. Num mundo em que as decisões são cada vez mais tomadas com base em algoritmos, garantir que as informações pessoais de cada pessoa são exactas é vital para proteger as suas oportunidades e a sua reputação.

Do mesmo modo, a legislação relativa aos dados pessoais também estabelece regras sobre a forma como as empresas devem proteger essas informações. Isto inclui a implementação de medidas de segurança para impedir que os hackers acedam aos dados. Pensando nisto como um escudo digital, as empresas são obrigadas a investir em segurança para proteger a informação de muitos; isto reduz o risco de violações de dados que possam pôr em causa a privacidade dos indivíduos.

As leis não só protegem os utilizadores, como também responsabilizam as empresas. Se uma empresa não cumprir os regulamentos, pode ser objeto de sanções severas. Este facto cria um incentivo para que as empresas tratem os dados de forma ética. Esta abordagem promove uma mudança na cultura empresarial.

À medida que a tecnologia avança, a legislação relativa aos dados pessoais torna-se ainda mais relevante. Com o advento de novas tecnologias, como a inteligência artificial e os grandes volumes de dados, é crucial que a legislação se adapte para enfrentar os desafios emergentes. É fundamental que os jovens sejam informados dos seus direitos e da forma como podem proteger as suas informações. Conhecer a lei permite-lhe navegar no mundo digital com confiança e segurança.

7.3 O futuro da vigilância digital.

Está num café com os seus amigos, a beber um café e a partilhar memes. Parece tudo normal, certo? Mas o problema é o seguinte: enquanto se ri, o seu smartphone está a recolher dados sobre si: do que gosta, com quem anda, até as suas emoções nesse momento. A tecnologia está a avançar a passos largos e a vigilância digital está a tornar-se parte da nossa vida quotidiana, quase sem nos apercebermos. Mas o que é que isto significa realmente para nós, jovens, que crescemos num mundo hiperconectado?

Com o aumento da inteligência artificial e da análise de dados, as plataformas estão a aprender mais sobre nós, humanos, do que eles próprios. Ao partilharmos todos os momentos, desde pratos de comida até aos nossos pensamentos mais profundos (sim, mesmo aqueles memes que parecem tão engraçados), deixamos um rasto digital que pode ser analisado e utilizado de formas que podemos desconhecer.

A autoeducação é a melhor opção em vez de percorrer as redes sociais sem pensar, aprendendo como funcionam os algoritmos, o que são bolhas de filtro e como os dados são utilizados. Existem recursos em linha, desde tutoriais a documentários, que decompõem estes conceitos numa linguagem que simplifica a compreensão. Ter formação é ter poder. Quanto mais soubermos, mais capazes seremos de tomar decisões informadas sobre o que partilhamos e como interagimos no mundo digital.

Sobre a privacidade. Cada fotografia, publicação ou partilha torna-se um dado valioso que as empresas podem vender. Por isso, ajustar quem pode ver essas publicações ou impedir o acesso a aplicações desnecessárias pode fazer uma grande diferença.

Construir uma comunidade é essencial. Tornar o tema da vigilância digital parte das conversas quotidianas pode ser um fator de mudança. Organizar conversas na escola ou em grupos de amigos sobre experiências com a privacidade em linha não só ajuda a refletir, como também cria ligações. Podem ser partilhadas dicas sobre como proteger os dados ou discutidas notícias sobre a privacidade pessoal.

O futuro da vigilância digital também tem a oportunidade de inovar, desde campanhas nas redes sociais a vídeos virais que explicam como proteger a privacidade. As plataformas sociais podem ser utilizadas para aumentar a consciencialização através da criação de hashtags, publicações ou tendências que chamem a atenção do público para a privacidade.

É fundamental reconhecer que existe também a capacidade de exigir mudanças no domínio da privacidade digital. As vozes dos jovens provaram ser extraordinariamente influentes, como evidenciado nos movimentos em torno das alterações climáticas, em que a união levou a que os líderes prestassem atenção. Por conseguinte, é possível aplicar esta mesma força colectiva no contexto da privacidade digital. Isto pode ser conseguido através da assinatura de petições, da participação em protestos e da pressão sobre as empresas para que sejam mais transparentes na utilização que fazem dos dados pessoais.

Embora o futuro da vigilância digital possa parecer complicado, não se está preso a esta situação. Através da educação, da proteção da privacidade, do estabelecimento de ligações com outras pessoas e da exigência de mudanças, é possível transformar este cenário. Chegou o momento de assumir o controlo da narrativa digital e garantir que as vozes são ouvidas no mundo que está a ser construído.

Referências bibliográficas

Altium (2024). Controlar o Futuro: 7 Tendências em Sistemas de Controlo Industrial. https://resources.altium.eom/es/p/controlling-future-7-trends-industrial-control-systems

Bartolomé, M. (2021). Redes sociais, desinformação, soberania cibernética e vigilância digital: uma visão da cibersegurança. RESI: Revista de Estudos de Segurança Internacional, 7(2), 167-185. https://dialnet.unirioja.es/servlet/articulo?codigo=83Q6Q43

Carrasco Díaz-Masa, S. (2021). O USO DE TECNOLOGIAS PARA CONTROLE SOCIAL POR GRUPOS DE PODER. SCIO: Revista De Filosofía, (20), 63-91. https://doi.org/1Q.46583/scio 2Q21.2Q.816

Cohen, J. E. (2012). Configuring the networked self: Law, code, and the play of everyday practice. =https://books.google.es/books?hl=es&lr=&id= FnQDjthDpsC&oi fnd&pg=PP2&dq= =ce.&ots xnCLvEcYDS&sig=z tOzcB5QnQhwVOzX8b7242Lf98Yale University Press. Configuring+the+Networked+Self:+Law.+Code.+and+the+Play+of+Everyday+Practi

Datos101. (n.d.). Vigilância digital: como antecipar-se aos cibercriminosos. https://www.datos1Q1.com/blog/vigilancia-digital/

Fernández, P. (Ed.) (2017). *Big data: Eje estratégico en la industria audiovisual.* Editorial uoc. https://books.google.es/books?hl=es&lr=&id=WOc8DgAAQBAJ&oi=fnd&pg=PT3&
dq=Big+data:+ejeje+estrat%C3%A9gico+en+la+industria+audiovisual.+&ots=PLdWwVbyfL&sig=BCdkntp1vaKgWSrMqETF
YDT3Ck#v=onepage&q=Big%20data%3A
%20axis%20strat%20C3%A9gico%20in%20la%20industria%20audiovisual.&f=false

Foucault, M. (2002). *Vigilar y castigar: nacimiento de la prisión.* Siglo xxi. https://dialnet.unirioja.es/descarga/articulo/4899437.pdf

Foucault, M. (1980). *O olho do poder. La piqueta. Espanha.* *https://campusacademica.rec.uba.ar/pluginfile.php7file=%2F988701%2Fmodjf*

older %2Fcontent%2F0%2FMICHEL%20FOUCAULT%20EL%20OJO%20DEL%20 DEL%20POD ER%7D.pdf&forcedownload=1

García y García, M. (2019). Sobre o panopticon: Bentham, Foucault e Han. Marginal Reflections, 50. citação apa para o autor deste link: https://revista.reflexionesmarginales.com/sobre-el-panoptico-bentham-foucault-y-han/

Gutiérrez Zurdo, M. (2019). O panótico de Foucault na sociedade atual: as tecnologias de informação e comunicação. https://uvadoc.uva.es/bitstream/handle/10324/36903/TFG-N.1096.pdf?sequence=1

Han, B. C. (2024). No enxame. Editorial Herder. https://books.google.es/books?hl=es&lr=&id=IFQCEQAAQBAJ&oi=fnd&pg=PT54&dq=El+swarm+Han&ots=2seSuBS4pd&sig=vuOR44Rj5Yx354X9JwHck8GTDu M

Hortal, P. (2018). Transformação: Tecnologia e controlo social. Facthum. https://facthum.com/transformacion-tecnologia-y-control-social/

Lyon, D. (2016). As apostas de Snowden: desafios para entendimento de vigilância hoje. https://www.semanticscholar.org/paper/As-apostas-de-Snowden%3A-desafios-para-en tendimento-Lyon/adc5a21beaa211cbf6b2ec083c2ac58403cc14e0

Lyon, D. (2018). Revisão da obra de Lyon The Culture of Surveillance: Watching as a Way of Life. Surveillance & Society. https://www.semanticscholar.org/paper/The-culture-of-suiveillance%3A-watehing-as- a-way-of-Bryan/5172fcfe61b98c9e91e38e493dd527f2e9885422.

Marwick, A. E. (2013). Status update: Celebrity, publicity, and branding in the social media age [Atualização de status: celebridade, publicidade e marca na era das mídias sociais]. Yale University Press. https://books.google.es/books7hl=es&lr=&id=xcrYAQAAQBAJ&oi=fnd&pg=PA1&dq=info: EQvgZXcOQbwJ:scholar.google.com/&ots=G1lZTY2Y1S&sig=nPSD07fQaZJy4v2u ZQ5Twq5iyGc#v=onepage&q&f=false

OSHA (2022). Tecnologias de controlo: a busca do bem-estar no século XXI?

https://oshwiki.osha.europa.eu/es/themes/monitoring-technology-21st-centurys-pursui t-wellbeing

Organização Mundial de Saúde (OMS). (2024). Ética da vigilância da saúde pública. https://www.who.int/es/news-room/questions-and-answers/item/q-a-ethics-in-public-h ealth-surveillance.

Organização Pan-Americana da Saúde (OPAS). (2017). Tecnologias de informação e comunicação na formação de recursos humanos para a saúde: Experiências inovadoras na América Latina e no Caribe. Washington, D.C.: OPAS. https://iris.paho.org/bitstream/handle/10665.2/34499/9789275319840-spa.pdf

Pariser, E. (2011). The filter bubble: What the internet is hiding from you. Penguin Press. https://books.google.es/books7hl=es&lr=&id=-FWO0puw3nYC&oi=fnd&pg=PT24&dq=info:wgpXIqrJMsEJ:scholar.=google.com/&ots=g6JoCpyPQZ&sig=B7N2wuqdSd9 w0PrLndE SjQvx-s#v onepage&q&f=false

Ramonet, I., Assange, J., Chomsky, N., & Sacristán, M. (2016). *El imperio de la vigilancia.* Madrid: Clave intelectual. https://www.eldiplo.org/wp-content/uploads/2018/files/7114/6040/1796/INTRODUC CION.pdf

Regan, P.M. (1995). Legislating Privacy: Technology, Social Values, and Public Policy [Legislando a privacidade: tecnologia, valores sociais e políticas públicas]. The Handbook of Privacy Studies. https://www.semanticscholar.org/paper/Legislating-Privacy%3A-Technology%2C-Soc ial-Values%2C-and-Regan/bcb4dcd6f427c845880a183ddb58fd860b8448c8

Rubio, C. A. (2020). A rede social Facebook como dispositivo de controlo. Um olhar partir da filosofia de Foucault. *Sincronía,* (77), 165-180. https://www.redalyc.org/journal/5138/513862147008/html/

Turkle, S. (2011). Alone together: Why we expect more from technology and less from each other. Basic Books. https://www.semanticscholar.org/paper/Alone-Together%3A-Why-We-Expect-More-f rom-Technology-Turkle/57f3a16a88d74fbd4873112177228a21309f001f.

Zuboff, S. (2020). *The Age of Surveillance Capitalism: The Struggle for a Humane Future at the New Frontier of Power.* http ://d.d.org/10.1007 /s001-020 -01100 -0

Printed by Books on Demand GmbH, Norderstedt / Germany